風城味兒

除了貢丸、米粉，
新竹還有許多其他

李元璋 著

C'est La Vie

推薦序

帶著筷子，來新竹上歷史課

／王浩一

近年，台灣的大城小鎮都在找尋屬於自己的故事。我們比以往更好奇家鄉的歷史痕跡。新竹舊城也是如此，許多人從各種角度探索她的身世，一些驚喜發現，一些恍然大悟。於是，「老新竹」就像是多年不見的親人，我們展開雙臂擁抱她。

過去，我們習慣在日常生活裡定下座標，向前看，向前走。現在，我們開始懂得回頭珍惜這一路的往事。於是，許多說書人打著響板，引領我們溯源，從先民的篳路藍縷說起，路徑如何遷徙，歲月如何更迭，而終於演變成我們現今身處的風城。

舊城門、三兩條老街、幾座老廟、數棟古蹟，甚至幾爿傳統行業老店，都能透露出這座竹塹舊城的身世，我們偶爾在這裡遇見歷史。甚至街頭小吃或家常菜，也都各有歷史。舌尖的酸甜苦辣，吐露了許多線索，告訴我們新竹先民的諸多舊事。

如果能透過食物、透過美食作家對食物發展與轉變的耙梳，我們應該可以更有趣味地閱讀新竹故事，理解這座城市為什麼吃這個？為什麼這樣吃？為什麼跟其他地方的口味不同？於是，我們跟隨這些美食考古學家的研究，也順著《風城味兒：除了貢丸、米粉，新竹還有許多其他》作者李元璋娓娓道來的筆端，帶著筷子，用胃來上歷史課……

台灣大城小鎮都有自己的「開基廟」傳說，竹塹舊城的故事，也得從都城隍廟說起。

話說一六六一年鄭成功來台之後，從台南舊城分成北路、南路出發。一百多年後，往北的屯墾路徑：過了八掌溪有了諸羅縣，過了虎尾溪有了彰化縣，過了大甲溪有了淡水廳……。乾隆十二年，一七四八年，大清政府決意把淡水廳的廳治，改設在竹塹。這代表竹塹城的政治地位上升了，已非昔日的小鎮等級。因此需要創建文廟、武廟等官廟。次年，一七四九年城隍廟落成，比淡水廳的許多衙門建築還早。竹塹的城市守護神——城隍爺，當時依例稱「廳城隍」（屬於「縣城隍」等級，稱「顯佑伯」）。新竹武廟則創建於一七七七年二月；文廟慢了許多，一八一〇年才提出創建。

年輕時，我屢屢到新竹城隍廟前覓食，如同尋常遊客，只專注著哪一家米粉、貢丸湯比較好吃？鮮少進入城隍廟裡尋找這座城市的歷史腳步。直到自己轉身成了一名文史工作者之後，前後程序改變了，每次來此總是先入廟參拜探訪，不疾不徐地閱讀著廟建築，再到廟埕美食廣場「善盡觀光客責任」。

除了貢丸、米粉，新竹還有什麼其他？

去年十月，我在新竹有場講座。演講前，去了成功路的水潤餅老店。門口有三人忙碌著，其中八十二歲阿嬤也動手包裝。我邊拍照、邊讚嘆：「真是好看的人文風景。」這是新竹特有的麵食，製作時，麵糰分塊、壓平，再放上鐵板乾烙。它的外形扁圓樸實，不是那種硬脆的烙餅，軟潤香腴是它的庶民特色。百年來，水潤餅一直是新竹人的零食，撕下一塊塊即可入口，甜鹹麵香之後有微微的五香味，肉桂是其中之一。早期，每逢農曆七月中元節，當新竹城隍廟范、謝將軍遶境出巡之際，新竹人會將水潤餅以紅線綁在神將身上，隨同踩街的神將一路搖晃前行。此時，沿路信眾可以將它取下，有吃有保佑。彼時，水潤餅是廟會的貢品。

當天，我花四十五元買了一袋水潤餅，回家後與一鍋自煮的咖哩濃醬沾配著饗食。不唯享受了一肚子美食故事，對於新竹古早味更多了尊敬與嚮往。

多年來，我旅食台灣許多小鎮，也寫各地美食故事，但是關於新竹舊城的滋味，吃得開心卻是不敢落筆，因為新竹的美食家甚眾，我有自知之明，怯於野人獻曝。《風城味兒》作者李元璋——應該稱他李元璋老師，他的美食描述文字極其精彩也精闢。從書裡，我知曉了貢丸的各種調味、客家煙腸佐以獨特沾醬、九降風下米粉的好味祕密、鴨肉麵裡的蒸鴨湯頭汁……，這是內行人的派頭與口味。

李元璋老師治史能力亦佳，閱讀此書，讓人更容易理解這座舊城的人文歷史痕跡，有些是百年的先民習俗，有些是一路走來的族群口味，有些是廟口的傳家好味道，他還釐清了新食物與舊城的關係，清新地把味蕾的滋味撥弄得更加可口。他記錄著食物，風城記憶著過往。我喜歡《風城味兒》的文字敘述，讓這座舊城裡勤奮勞動的住民，以及途經、旅居的遊人過客們，都能饗食新竹特有的溫暖滋味。

王浩一，作家、美食家。長期穿梭於台灣城鎮巷弄間，對在地飲食與庶民生活尤有深刻觀察，並曾以「浩克慢遊」獲金鐘獎生活風格節目主持人獎。目前旅居台南。著有《慢食府城》、《在廟口說書》、《黑瓦與老樹》、《漫遊府城》、《著食》、《小吃研究所》、《旅食小鎮》、《英雄守弱》與「王浩一的歷史筆記」系列等。

目次

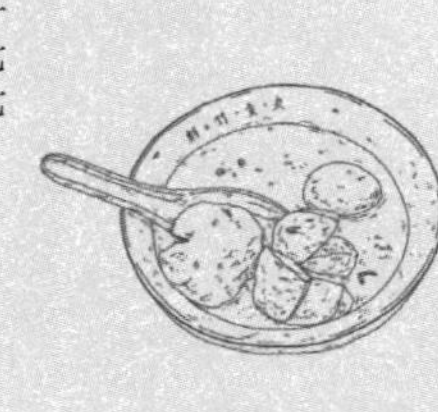

由林占梅打造的潛園，曾名列台灣四大名園之一。

清江舍的美食地圖

林占梅（一八二七－一八六八）是個可愛的胖子。這位清代咸、同年間名冠北台的詩人、文豪、琴士、兼職官員、社交名流，同時也是傑出的軍事家、仲裁者，出身竹塹巨室林恆茂家族。他是眾人豔羨的「清江舍」，橫槊賦詩，騎射園冶，文治武功，才能兼備，可謂台灣仕紳的典型代表。心廣體胖和家族巨富的資產幾乎完全成正比，可見他極愛吃。這種好出身的胖子都是天生的美食家。

柴梳餅外形特殊，是別具傳統氣息的古早味。

林占梅希望此生都能在自己精心營構的人間天堂──潛園裡頭，過上天下寧謐的好日子。一如此刻，他正躺在梅花書屋廊前的搖椅上，恬然自得地享受著寂靜深秋的午後陽光。鳥籠裡的畫眉啾啾，風城的風溫柔輕拂。他端起身旁青花蓋碗，一股帶著奇特成熟果香的氤氳撲面而來，這白毫烏龍茶乃是潛園主人的最愛。

白毫烏龍又稱膨風茶。先是此邑客籍人士栽種烏龍茶樹，嫩芽意外遭受小綠葉蟬蟲害，葉子竟像發霉似地冒出白色茸毛，茶農儉省成性，不忍丟棄，遂留而自用。沒想到經歷浮塵子吸食芽梢汁液的茶葉反而香味倍增，更形成十分特殊的外觀，葉身呈白、綠、黃、紅、褐五色相間。葉片褐紅，心芽銀白。沖泡後的湯色橙紅透亮，滋味極是甘潤悠長。林占梅愛極了這別具蜂蜜味道與純熟蘋果香，天、地、人、物（蟲兒）通力合作的自然佳釀。

該配什麼茶點好呢？他望了望樟木螺鈿八寶食盒。

位於竹塹城內，被稱為「內公館」的潛園。（李元璋攝影）

柴梳餅，內餡包含多量之大蒜，吃起來甜甜又鹹鹹，更帶點兒夠勁的蒜味，風味絕佳，故又稱蒜蓉餅。一說因竹塹近郊有柴梳山而得名，他則寧願相信是因為形似古代仕女的木梳，吃時總讓他想起妻子黃氏梳髮的嬌柔神態。但此時妻子已逝，情思幽渺，不想吃。

竹塹餅，出自城隍廟口一位賣粽阿婆的巧思，將肉粽的各種美味：料香、蔥香、豬油香融入冬瓜糖和糕餅甜香，背面沾滿白芝麻，創造出令人垂涎的新竹肉餅。外皮鬆脆而內餡柔軟，甜度適中卻香味濃溢，尚不至於過度油膩。嗯，不行……，午餐時分的飽足感尚未完全解除哩。

美祿柑，這是以竹塹盛產的柑桔加工為內餡，外裹一層麻糬而成。滋味芳香、柔軟爽口，但清江舍嫌它飽實的柑桔香和茶果香衝味兒。一瞥見到了杏仁雪片糕，心裡偷偷地笑了起來。

這選用上等糯米、杏仁、小磨香油精製的如雪糕片是他的童年記趣。頭一回嘗到這淨白微甜的雪片糕，曾突發奇想地將之浸入白毫烏龍裡，看著糕片漸漸吸上茶汁，變色、變軟。拎著軟雪入口，一時覺得世間縱有千萬種味道，但只有眼前這天才般靈光爆現的

竹塹餅外皮鬆脆，餡料豐軟，背面撒上白芝麻更添風味。

柴梳餅含藏蒜香，滋味鹹鹹甜甜，又稱蒜蓉餅。

循古法製成的黑貓包，外皮取自老麵，內裡肉香濃郁。

美祿柑以麻糬包裹柑桔內餡，芳香爽口。

絕品屬於小占梅，只有他知道這般美好。（話說回來，人間赤子們誰不擁有這麼一兩種獨得之味、物外之趣呢？）這幼稚可笑的舉動彷彿提醒他許多遺忘的滋味和夢。一如那遠在歐羅巴洲、小他五十歲的文豪普魯斯特（M.Proust, 1871-1922），喜歡將小瑪德蓮蛋糕泡進椴樹茶裡，追憶已消逝的似水流年。

癡相公李生反倒喜歡借白毫烏龍的釅味中和竹塹餅的腴美肉香。青菜蘿蔔，各有所愛吧。想起這位多年的詩酒死黨，有日子不見了。每回李生來潛園文會，總是迫不及待地天未破曉便趕路，渾忘了吃頓安生早飯。貼心的清江舍會吩咐僕人早早備好黑貓包和熱青草茶，在金門厝渡口相候。

噫，李生好食豬肉人盡皆知。除了竹塹餅搭白毫烏龍以外，他又發現黑貓包就熱騰騰的青草茶湯最是般配。這包子產自北門外一老字號小鋪，傳說源自清宮御膳房的拿手絕活福州包，手藝不知因何流傳至竹塹一位美廚娘身上。鄉里習稱瀟灑後生為「黑狗兄」、俊俏美人為「黑貓姒」，所賣包子便順理成章地叫「黑貓包」了。

製作過程遵循古法，以數十年的老麵糰為母麵，每日留下一塊作為次日發酵子麵用。麵糰需至少發酵超過六個時辰，完成後再將大麵糰捏成小塊，搓揉直到全無間隙、空氣為止。內餡則用滷過的肥豬肉切丁，拌以大塊新鮮瘦肉、鹹香滷汁。妙處在熟肥肉可減少油膩，生鮮瘦肉經過蒸熟卻不至於過老，兼具彈性與韌性的麵皮搭配上大片肉塊，入口乃是豐郁肉香。

要不，取竹塹特產的米粉搭配貢丸湯更是天下一絕。

新竹平原成喇叭斗口狀，經年吹拂旺盛的東北季風，民家每於隙仔溪邊風口曝曬、風乾米粉，因此所產米粉清香爽口，久煮不爛。愛吃又講究的林占梅用梅汁、素肉燥、草菇及十數種清香藥材提味炊煮，再以巴掌大的烏黑天目碗盛裝雪白粉絲，上綴摘自潛園裡的兩枝嫩柳、一朵淡紅梅點色，取名「梅雪爭春」。清逸宜人，風韻天成。

竹塹人之喜食貢丸，源自早年鄉里一位孝子的灶上創意。為了滿足年邁寡母無牙而能食肉的心願，孝子細心揀選黑豬的後腿鮮肉，反覆捶打而成。鄉音稱捶打為摃，但老饕們覺得它豐腴味美，有肉香而無肉形，更加上脆韌彈齒，牙韻甚好，堪為貢品，更愛升它一級叫成「貢丸」。這和金門貢糖之得名，同是一個道理。

別出心裁的清江舍，讓人取來城隍廟口葉家的貢丸、學宮外石家的魚丸，加上媽祖宮口郭家的燕丸，以祕製湯料熬煮的冬瓜湯底，合為「三元及第湯」。意謂貢丸、魚丸及燕丸三丸連食，則他日必能貢元、會元及狀元三元連中。這好口采的「梅雪爭春」、「三元及第」限量版套餐，歷年在他主辦的梅社詩會上，贏得最多意外的掌聲。為了試料、試味加試吃，林占梅更加理直氣壯地胖。

下回李生來若逢上元節，記著務必領他到「外媽祖」長和宮後去食蚵嗲（蚵鎚）。午後斜陽，雋永辰光，最宜到此類長巷漫遊，揀一個炸粿小攤任意落座。老人隨端上一盤綜合炸食，裡頭蚵鎚、肉鎚、炸粿、炸薯、芋頭片、地瓜片、芋頭糕、米糕、蒜頭乃至炸蔥等風味小吃，皆以新鮮食材裹上一層粉漿做就，沾上酸甜合宜的醬料，外脆內嫩，油香四溢。教人吃得大汗淋漓仍停不了筷子、停不了口。

還要記著告訴這位同樣愛吃的老友，美食家一定得懂配合四時節氣、五行食材、天地生成、陰陽變化這些至理。還記得否？《東京夢華錄》說：正月十六「市人賣……拍頭焦鎚。」《膳夫錄》也說：「汴中節食，上元油鎚。」更何況這城裡童謠不就唱著：「蚵鎚蔥管炸（音ㄐㄧˇ），聞著香濟濟（音ㄍㄧˋ）」嗎？

他想像著李生點頭如搗蒜，嘴裡還塞滿蔥管的活寶模樣。好，既然你贊成，我們再去吃芋泥消消食。

這芋泥是以當季的芋頭摻入香蕉油、地瓜粉、太白粉等熬煮多時，味道芳香甘腴，口感綿密，可是本城大戶人家爭相指定的餐後甜點哩。最妙的是點上數滴鹹香油蔥，反襯甘甜，風味絕倫，這就好比西瓜片上抹了薄薄一層鹽，暗合陰陽兩儀、既相反又相成的道理呢，再說……

報時鐘答答地不知響了幾響，恍惚間他想起人說南洋咖哩嗆鼻醒味，品類繁多，當年太監三保爺曾帶回中國。想起人說東洋料理最是不厭瑣碎，精工細琢，追求醍醐真味。矇矓

熬煮多時的芋泥口感綿密細緻，添點油蔥，反襯甘甜。

間他想起人說西洋的甜點千姿百態、奇藝紛呈，還有種飲料叫咖啡的，最能提神醒腦，激發靈感……

清江舍睡著了，口齒間猶有淡淡餘香。他既要醒又愛睏，該趁大好辰光練練騎射了，這太平日子甜美舒適得讓人肆無忌憚地長肉……。可是夢裡還有更多外邦異域的奇珍美饌、意想不到的千滋百味向他招手哩。想著這台灣寶島乃是海運輻輳之地，日後風起雲湧、萬國來會，後世子孫還不知怎麼有口福呢！

清江舍終究睡著了，嘴角留著口涎。他本極愛吃，誰叫這種好出身的胖子都是天生的美食家呢？

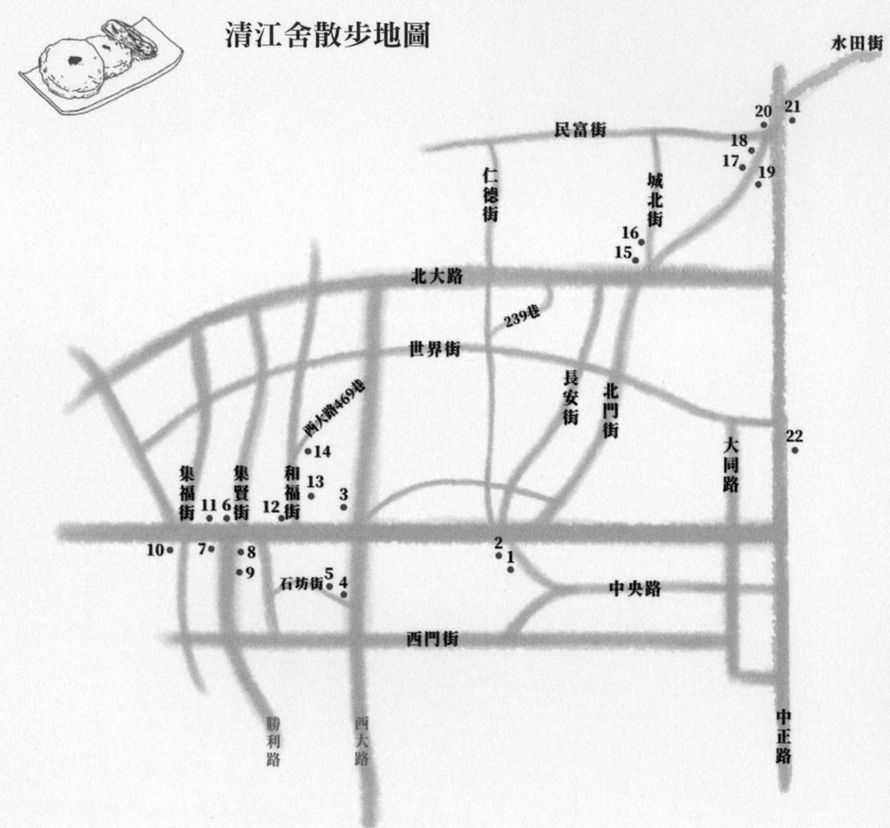

1. 都城隍廟
2. 法蓮寺（「大丈夫身」匾為林占梅所題）
3. 林恆茂祖廳（西大路 433 號）
4. 楊氏節孝坊
5. 2/100 咖啡（二樓可看郭外科小花園、潛園舊址一部分）
6. 挹爽門（石城西門）遺址
7. 長老教會
8. 蜂蜜大王
9. 長庚福地（石城水關，或為潛園引水口）
10. 集福宮（西門保土地公）
11. 竹塹小吃部（貢丸、米粉、煙腸）
12. 新玉香餅店（竹塹餅）
13. 倉房（潛園遺址）
14. 潛園福地（相傳潛園土地公即林占梅）
15. 長和宮（同治年戴亂北台臨時指揮所）
16. 北門炸粿
17. 鄭氏家廟
18. 小蝸居（鄭用錫、鄭用鑑書房）
19. 水田福地
20. 黑貓包
21. 高家冬瓜茶
22. 新竹市議會（林占梅祖厝石獅移置於此）

尋味備忘錄

竹塹餅、美祿柑、柴梳餅
彭成珍餅行／西安街 5 巷 21 號／ 03-5224877
新玉香餅店／中山路 192 號／ 03-5225341
新復珍餅店／北門街 6 號／ 03-5222105
如美西點／長安街 10 號／ 03-5224439
黑貓包／北門街 187 號／ 03-5233560

青草茶
德記／南門街 85 號／ 03-5267393
吉草堂／長安街 37 號
高家冬瓜茶／中正路 234 號／ 03-5239402

蚵嗲
北門炸粿／城北街 15 號／ 03-5220471

芋泥
葉家大粒粉圓／北門街 83 號／ 03-5256763

2/100 咖啡／石坊街 14 號／ 03-5254358
竹塹小吃部／集賢街 78 號／ 03-5228824
蜂蜜大王／勝利路 338 號／ 03-5245881

貢丸（請參考〈幸福的價值〉一章）
米粉（請參考〈九降風的味道〉一章）

兩百多年歷史的都城隍廟香火鼎盛，周圍更匯集諸多在地食攤。

新竹之胃——鯉魚腹記事

從穴口都城隍廟起步

都城隍廟，是竹塹城的開始，新竹市的圓心，其象徵意義一如巴黎聖母院前那塊市心零公里的起算里程碑。竹塹城所有的風水、風味、風俗與風情，皆從此地開始吹拂。

故老相沿，康熙年間隨著第一批開墾新竹平原的移民而來的地理仙某某，一眼便看出這是塊風水寶地——鯉魚穴，斷定此地必然文風鼎盛、人才輩出。

日後都城隍廟在這穴口上，相應如斯地開了一口鯉魚池，池畔立了一座龍鯉像，像下有刻石說明：「新竹舊稱竹塹，自古即有鯉魚穴的傳說。相傳此處即為鯉魚穴口附近，鯉魚之尾部在十八尖山，幾乎貫穿整個市區。本造型採『九鯉化龍』的傳說，基座上有八條鯉魚拱護著上面一條將化成龍形的鰲魚，即『鯉越鰲即成龍』之意……」

卻原來鯉魚穴不只一個穴口，更是一條貫穿竹塹城的龍脈。這條鯉魚原是南海觀世音菩薩蓮花池中神物，因緣際會游入形似畚箕的新竹平原，形成鯉魚穴脈。先民因而先後在鯉魚脈上安廟，主祀觀音菩薩及水神。

鯉魚嘴上有觀音亭（竹蓮寺），魚頭穴舊有龍王廟（今林森路、南門街口旁），魚鰓為關帝廟（廟旁原有觀音廳），魚腹便是都城隍廟了。廟旁空地奉威靈公爺指示：封住原兵馬司出入巡邏的古井口，另建法蓮寺以奉祀觀音菩薩。魚尾則在「外媽祖」長和宮，宮左另有祭拜大禹的水仙宮，宮後有奉祀觀音的竹安寺。這可是集三大水神於一處的大穴。

清代主管北台灣廣大地界的最高行政機構——淡水廳同知衙門，便設立在城隍廟左側。直到日據時代幾次街區改正，行政重心東移，同知衙門傾頹夷廢，逐漸演變為一座人聲鼎沸的中央市場。

百餘年榮光的「新竹之心」不再，流年暗中偷換，如今它成了「新竹之胃」。

所謂「中央市場」、「城市之胃」，在全世界各個歷史悠久的老城所在多有，如威尼斯，如翡冷翠，又如巴黎。不妨看看法國文豪巴爾札克的眼底筆下，是如何描繪這座號稱「巴黎之胃」（Le Ventre de Paris）的大市場（Les Halle）。

即使是香粉商人畢貨多這樣的老巴黎，也發現自己難以穿越這座迷宮：裡頭縱橫交錯，全是些小巷子，可以說是巴黎之胃。無數雜七雜八難以形容的生意都聚集在這裡：有腥臭難聞的，也有極度賞心悅目的；有賣鯡魚也有賣上等細麻布的；有賣絲織品也有賣蜂蜜的；有賣牛油也有賣薄紗的，全都擠在它的骯髒範圍內。這裡還藏了許許多多巴黎人無法想像的小買賣，情形就好比大多數人不知道自己的內臟是如何運作的一樣。

——《西撒．畢貨多的興衰史》
Histoire de la grandeur et de la décadence de César Birotteau
（引自梁永安譯、立緒出版《巴爾札克的歐姆蛋》，作者稍作改動）

這段話幾乎不用轉換，可以完全套用到今日對「新竹之胃」的描述上。這處鯉魚的肚子現在已成為集合城隍廟口、西門市場、中央市場、中央商場以及周邊商家的大市場。

吃一頓元氣淋漓的風城早餐

既是大市場，最宜黎明即起、越迎曦門進城來遊。此時晨曦斜射，廟裡香煙與廟口炊煙裊裊升起。你可以信步閒行，跟著自己的眼耳鼻舌去找吃的。

先穿過重重人群，進入中央市場，尋覓塹城獨有的風味——糯米湯餃。這糯米餃彷彿客家鹹肉湯圓，但個頭小巧，兩頭拉尖成餃子狀，經過獨家調味的豬

狀似嬌巧餃子的糯米湯餃，豬肉內餡鮮美噴香。圖為「阿金」的紫米湯餃。

肉內餡鮮美異常。

你內行地點了加料綜合湯，上來一大海碗裡頭，有糯米餃、手抄扁食、貢丸及骨仔肉湯，撒上芹菜末和白胡椒粉，這便是元氣淋漓、豐沛飽足的風城早餐了。小店一無店名二無店招，多年來只在此間口耳相傳，因為「城裡人自己吃都不夠，哪能再告訴外鄉人哪？」

要是飢腸轆轆、缺乏耐心（佇立桌旁盯著人吃，或讓人盯著吃）如你者，會去吳記**大腸麵線**，或者上小店後頭去吃**阿金**。

阿金是更加玲瓏，卻四時供食、充滿活力的小攤。賣的不只糯米湯餃，舉凡拉麵、米粉、粄條、手工水餃、飯食、自助餐點等，魚肉蛋蔬、乾濕湯水的時不時都能吃上，於是乎成了無心選擇時的最佳選擇。阿金姊親切健談，人緣極佳，這兒也是市場攤商的私房俱樂部。

若有長輩同行，不妨上市場另一角、你戲稱為「公婆巷」處去。幾個相鄰的攤位平淡無奇，提供的全是傳統吃食：貢丸湯、鹹圓仔、豬血湯、切仔麵、菜頭粿、甜粿、鹹甜粿、紅豆甜粿、米苔目、粿仔條、湯麵、高麗菜飯、稀飯、粄條……，共同特色當是火候老道、綿糯黏口吧。攤主和顧客間的交情，往往也在二、三十年以上。

長者們細嚼慢嚥之後，多半緩緩起身，轉向身後另幾家熟菜攤子。打上三五道菜、幾碗白飯回家，或與老伴併作午餐，或是等待兒孫下課回家。每次行經這短巷，總能感受到塹城風味悠長的傳統，與時光的凝視。

老竹塹也愛上**西市米粉湯**去。青花碗裝著油光鮮亮的米粉湯或大麵糊，在熱氣蒸騰的攤頭切上幾碟小菜，有時滷豬肚、大腸頭、下水料（近似北京的「鹵煮」），有時豬皮、蘿蔔、油豆腐、紅糟肉。就上心愛的「阿比」（維士比），再屈起一腳、手扶膝蓋、踞坐凳頭，或自斟自酌，或好友共飲，是頗為瀟灑的老城作派。

春捲，此地習稱潤餅。舊城處處可食，你卻獨愛**桂花潤餅**的法式沙拉捲。傳統的兩張春捲皮，配料是新鮮的蘋果丁、胡蘿蔔絲、高麗菜絲、紫萵苣絲以及小黃瓜絲，裹上口感厚重綿密、微含芥末辛味的馬鈴薯泥，再加上自製的千島醬、芋頭醬或黑芝蔴醬。一份潤餅，竟捲裹著中外幾種不同味道而渾然天成。

對你而言，這法式沙拉春捲可真真是連結了「新竹之胃」與「巴黎之胃」，神奇的味覺融合。嘖嘖！且細細品嚐這連畢貨多老頭也無緣消受的口福。

「西市」以青花碗盛裝的大麵糊，更顯油光鮮亮，引人垂涎。

「西市」的芋頭米粉湯，熱氣蒸騰，香味與湯頭十足濃郁。

酸甜酸甜的鳳梨冰，是「阿忠號」賣了五十年的古早味。

除了隱帶桂花香的傳統潤餅，口味清麗的法式沙拉捲也是「桂花潤餅」招牌。

若吃累了，不免踅到城隍廟後的阿忠號，直上四樓大落地窗前落座。靜靜地一邊品味鳳梨冰，一邊俯瞰這大片金光燦爛的鯉魚腹地。

正午時分遍嘗道地老手藝

中午可該吃大餐了，要上西市汕頭館去嘗嘗潮汕廚師六十餘年的手藝。叫上一個牛肉火鍋，用牛肉貢丸打邊爐，次第涮入豆腐、雪花片和新鮮蔬菜。其他炒麵、芥蘭牛肉、牛百葉、牛雜拼盤看著上。物鮮味美，品類齊全，每道菜皆加入店家精心調製的沙茶醬。有時光是一道空心菜炒牛肉的盤餘醬汁，便足以令重飯者再扒上兩碗白飯。

更好是牛肉就著白酒喝。此時三兩盞金門高粱，總是讓家父憶起當年的八二三砲戰，以及曾經的動盪歲月。

此地歷來是塹城信仰中心，好素食自然少不了。汕頭館隔壁的滋味齋、西轅門的天香號都是老字號，市場裡有秀鳳、林素食（素食材料），市場邊有佳珍、西市、御珍齋。

又或許你願意嘗新，特別鍾意結合傳統與創意的新派料理，那便多走兩步，上暗街仔口的樹匠去。

午後，你得解膩消消食，先到西市的阿惠坐坐。說到傳統飲品，無論是消暑解渴、滋補養生、安神順氣、應時當令的，無論是紅豆綠豆、杏仁薏仁、花生牛奶、紫米桂圓的，這兒全都有。也無一不是精選原料熬煮，氣味馥郁可口。

夏天喝涼冬要熱，春秋兩季看心情。這又是一家四時皆宜的好去處。

衣食足而後知榮辱。接著你想起了「信仰的糧食」，於是便凝神靜氣，懷著一生的願望回到廟裡參拜。先是都城隍威靈公爺，再是陰陽司公以下諸官吏（文武判官、范謝將軍、六司、捕頭與喜怒哀樂四位爺），到後殿去看望城隍奶奶、大二少爺、註生娘娘和月老，到偏殿去拜彌勒佛、文昌帝君和開城先賢，到法蓮寺參拜觀音大士。

千萬別忘了要仔細端詳鯉魚腹的三大名匾：光緒皇帝御筆「金門保障」、開台進士鄭用錫「理陰贊陽」和北台名士林占梅的「大丈夫身」。若逢初一、十五黃昏，恰能聽見法蓮寺傳來一百零八響警世出塵、沁人心脾的悠然鐘聲。

晚餐佐在地民俗特色作結

你一時心境澄明起來，可才到寺前香爐便又聞著煙火。晚餐時分的廟口最是騷動，洋溢著人間歡喜氣，處處有烈火烹油、鮮花著錦之盛。信步所至，隨意落座，總有人早早地殷勤招呼。肉圓、米粉、貢丸湯必得一嘗，可炸粿、炒麵、肉燥飯、蚵仔煎、膏膏羹也不宜輕縱。

老饕們總想著一句沒來由的心訣：「寧可錯吃一萬，不可放過一盤。」

無論如何，最終還是習慣上鄭家老攤，來碗濃腴鮮潤的燕圓魚丸湯收尾。有幸的話，會碰上高大的老闆給你端上湯來道聲「慢用」，一回身便教導廟埕上的後生們，如何扛著謝將

城隍廟前來碗鮮腴的「鄭家」燕圓魚丸湯，格外有滋有味。

軍沉重的神偶、還能邁好大爺獨特的方步。（你忍不住猜想：敢情這便是六將爺會中，聞名已久的大爺組組長？）

望著眼前的燈火輝煌、舞影晃動，你驀地驚覺數百年來塹城人皆曾坐在同樣的位置、吃著同樣的食物、欣賞著同樣的神姿搖曳，不由得興起今夕何夕、福地福人居之感。

你腆著肚子晃出東轅門，背後隱約傳來北管排練的嗩吶聲，該到廟後歐客佬去，喝杯新進的寮國咖啡解膩吧？或上後車路江山藝改所更妙。在那兒自在歇息，吃點手工餅乾，聽著爵士藍調，看看新上檔的藝術展覽，再輕啜比利時啤酒直至夜闌人靜。

夜半微醺的你有些想家了，回到鯉魚池邊才發現一條人龍橫亙面前。為了醒酒，又排上好久的隊伍，才喝上廟口翁記那一盅傳說中「神的雞湯」。神不神的誰知道呢，可那清腴甘甜的口感確是你生平僅見。

終於你心滿意足地嬲著好友，坐在池畔吹著新竹的風，談著塹城文化的理想。無意間東方天際泛起了魚肚白，晨光照在這一片魚腹寶地上，你的肚子隱隱作響呼應。

得！「新竹之胃」覓食的一天又開始了。

新竹之胃地圖

（新竹中央市場配置圖）

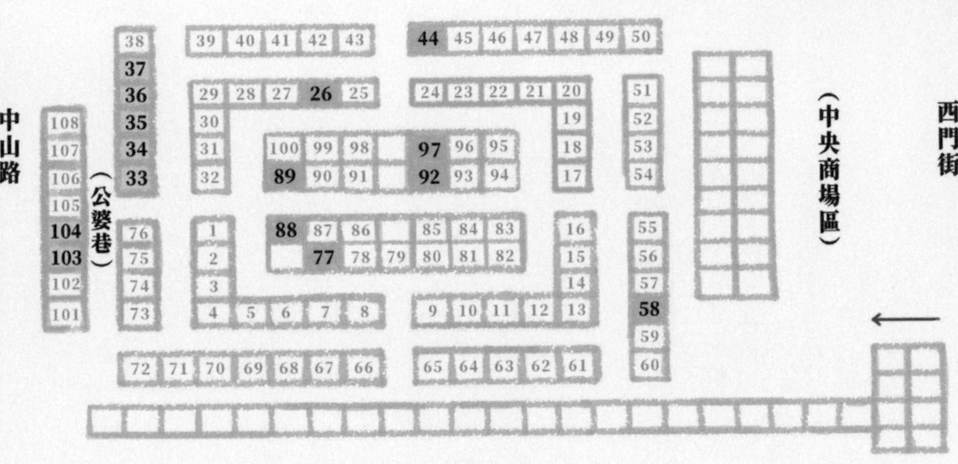

西安街

44. 阿金糯米
58. 吳記大腸麵線
77. 桂花潤餅
88. 秀鳳素食
89. 林素食
92.、97. 糯米餃
26. 四神湯
33. ～ 37. 公婆巷早餐攤
103. 巷子口美食坊
104. 頂好滷味店

尋味備忘錄

公婆巷／中央市場 103 ～ 106 號攤之間
天香清素食館／城隍廟口、西轅門下／ 03-5216780
四神湯／中央市場 26 號攤
江山藝改所／江山街 17-4 號／ 03-5266456
西市汕頭館／西安街 70 號／ 03-5244430
西市米粉湯／西安街 82 號／ 03-5253341
吳記大腸麵線／中央市場 58 號攤
秀鳳素食／中央市場 88 號攤
林素食／中央市場 89 號攤
佳珍／西安街 38 號之 5 ／ 03-5228872
阿忠冰店／東門街 187 號／ 03-5259990
阿金／中央市場 44 號攤
阿惠冰店（今改名慧心）／西安街 86 號／ 03-5227566
巷子口美食坊／中央市場 103 號攤
桂花潤餅／中央市場 77 號攤／ 03-5266912
翁記滷肉飯／城隍廟口、戲台前／ 03-5227238
頂好滷味店／中央市場 104 號攤
滋味齋／西安街 68 號／ 03-5264609
歐客佬精品咖啡／東門街 214 號／ 03-5260100
鄭家魚丸燕圓／城隍廟口、戲台前／ 03- 5258189
樹匠創意蔬食／中央路 43 號／ 03-5241369
糯米餃／中央市場 92、97 號攤

九降風翻山而來，造就了曬製新竹米粉的佳妙條件。

九降風的味道——米粉、烏魚子、柿餅及其他

新竹之所以為「風城」，自有其獨特的人文地理因素在。

北為湖口台地、飛鳳山脈，東鄰雪山山脈、大霸尖山，南接香山丘陵，整個新竹沖積平原由東南向西北的台灣海峽敞開，不論是東北或西南季風，一旦進入別稱畚箕嘴的風口，極易產生氣旋作用，風勢受地形收束而增強。

新竹至福建平潭不足一百五十公里，正位在台灣海峽最狹窄處。每年秋季的東北季風吹過，便受峽道

九降風強勁乾旱，反成就了甘美可口的柿餅。

收束影響而倍增風勢，鄉人特稱為「九降風」。此名最早見於康熙年間的《台灣府志·風土志》：「九月則北風初烈，或至連月，俗稱為九降風。」又同治年間的《淡水廳志·武備志》則稱：「九月……，重陽前後三、四日忌九廟風，又曰九降風。凡季風多挾雨，九降恆不雨。每望浪色如銀播空而起，名曰起白馬，不可行。」

秋冬吹掠竹塹的九降風，風力每秒達二十公尺，威力不遜於輕度颱風。新竹因此流傳著許多風的諺語，如：「風頭如刀，面如割。」或者「北風是一包藥，南風是一包蟲。」最有趣的當是這句：「南風怕鬼，鬼怕新竹風。」

三百多年來，九降風帶給塹城不少自然災害、農漁損失，卻也成就新竹這塊觀音守護之地，一波又一波的天華物寶。

米粉：強風吹拂出溫潤

九降風吹進新竹大南勢，成就了溫潤清香的米粉。

大南勢，因為在崙子之南而得名，是王世傑等人拓墾南庄二十四個聚落之一。此地成為米粉勝地，有其風水與風俗因素。

好風好水，位於市郊，即成地利優勢。大南勢正當九十九彎的客雅（隙仔）溪彎處，地勢平坦開闊，日照充足，夏天有南風吹拂，秋冬有九降風長驅直入，終年皆有海口風形成的強勁風勢。

來自泉州惠安的郭、曾、陳、何等姓移民，承繼百年家傳的米粉祖業，一眼便看出此地與原鄉風水相似，就此落地生根。以郭家祖厝汾陽堂（唐代郭子儀官封汾陽王）為圓心，延續泉州的傳統與作法。日據時代郭樹再返回原鄉學習、引進炊粉技術，炊粉因先經過蒸熟的工序，口感更加細膩彈牙。光復後炊粉開始風行台灣，風城人習慣簡稱一碗清香蒸騰的切仔炊粉為「炊粉」，不再是「米粉湯」或「湯米粉」了。搭配在地的美好食材如貢丸，或炒鴨肉米粉，簡直是美味升級。炊粉改變了新竹米粉業的生態，開啟另一個米粉寮的百年基業。

米粉的製作工序繁複。先是將米浸泡一夜使其軟化，再以石磨磨成米漿，盛袋、過濾，接著將米漿壓製、捏成適合蒸煮的小粉糰。因應新竹米粉分為水粉與炊粉兩種，小粉糰在此依其使命分道揚鑣。水粉預備糰入大灶煮，炊粉預備糰入蒸籠蒸，待三、四分熟後貴妃出浴，放入舂臼中攪拌均勻（順便按摩），入米粉車擠壓成細條（強迫瘦身）。

小苗條們再度回浴，至水粉、炊粉各自熟成後，裁切成適宜長度，一份份平躺在長九尺半、寬二尺半的大竹篾上，出門到溪埔去吹風納涼。（浴乎沂，風乎舞雩。這本是曾點的生活志趣哩！）

想讓小米粉愉快地風乎溪埔，除了地利，還得講究天時。

一年之中，東北季風於十到十二月最強，西南季風以六到八月為盛。特別是秋冬時節，季風挾帶大量水氣吹來，迎風面的基隆、宜蘭首當其衝，霪雨不斷。新竹地處雪山山脈的「雨影」地帶，阻絕了豐沛水氣，翻山而來的九降風更加凜冽乾燥，成為最適合曝曬米粉的「霜風」。

「三分日曬，七分風乾。」季節的轉換、季風的強度、降雨和溫溼變化，在在影響米粉成品的品質，於是日夜守候、細心呵護，米粉寮人幾乎個個都是善觀風色的風象員。

每當風向、風勢轉變，必須迅速因應、頂著大竹篾調整座向與角度，「移風」之聲四起。「有時一天要移四、五次風，頭都腫起來了！」更怕「烏腳西南」，每當五、六月的西北雨驟然襲來，米粉寮人無不頭頂著竹篾「望風而逃」，其間辛苦可想而知。

早期新竹民間流傳著關於米粉業者的諺語：「嫁翁不嫁米粉寮，米粉做好就割草，扁擔擔起目屎流。」女兒絕不嫁入米粉家族，因為「嫁南勢，做到死；嫁客雅庄，不死也黃酸。」

依恃自然環境、製作工序繁複的米粉，乾吃湯吃皆宜。

所幸今日的米粉業者殫精竭慮，早已因應時代的量產需求（或妻兒的眼淚），研發出不少代工機器，新竹的米粉產業開始走上品牌與量產之路。

新竹米粉的品牌繁多，我曾私下做個分類，可見常民趣味之一斑。最多的是動物類（主要是龍與飛禽）：龍、新龍、雙龍、鴛鴦、白鶴、企鵝、飛鷹、正孔雀。其次是神佛類：觀音、聖母、孔子、福神、佛祖、濟公、神農等。再有上至天文的吉星、聖光，下至地理的龍山、山川與世界，中有人文的農耕、國豐、仁文、僑泰、永福，以及其他東德成、新金泰等。

米粉溫潤爽口，洋溢著稻米的特殊清香，乾吃、湯吃皆宜，更是各類風味食品的好搭檔。作工細膩繁重，尤須以最大人工來配合天時、地利、風力等大自然的條件與限制，以此作為新竹城當之無愧的無上風物，誰曰不宜？

烏魚子：辛勞養就的烏金

九降風吹拂新竹海濱，成就了人稱「烏金」的烏魚子。

農曆九月霜降之後，東北季風吹掠新竹海邊的舊港、西濱、新月沙灘一帶，烏魚子進入盛產期。辛勤的漁民清晨即下海捕撈養殖的烏魚，午後將大批的魚獲交給家中婦女就地處理。婦女們熟練地使用紅柄剪刀的每個部位（刀尖、刀剪、刀背及把手），陸續完成取卵、清血和整型，變成一塊塊金黃色的魚卵。

新竹的烏魚子品冠全台，除了當地少雨、緯度高於南部而適合海水養殖之外，更善用九降風的自然風乾法，夜間的低溫足以保證整型後的魚卵品質不變，使烏魚子的外觀、色澤、飽滿度皆屬上乘，入口全無土腥味，反倒充滿海洋獨特的香氣。

有時完美的食材，僅需簡單的料理手法，即能引出完足的風味。

烏魚子最簡單的作法，是先撕除表面薄膜、以牙籤戳孔，再浸泡米酒（高粱更好，約浸泡四分之一量體）中、熱油煎至表面變色即可。另備蘋果、白蘿蔔、大蒜或青蒜葉等切片佐食為佳。

烏魚子切片失之厚薄皆影響口感，一片大小恰合就一口酒者最善。宜琢磨，毋暴殄天物也。另以烏魚子醬拌炒青菜、飯、麵，或作火鍋沾料、涼拌小菜，風味絕倫。

「三年養育，六大製程，七日曝曬，九降風乾。」樂天達觀的漁民以簡單數字概括其中辛勞。琥珀色的烏魚丁，形色皆酷似廟裡祈願的筊杯。我想每年九降風起，是在呼應人間單純虔誠的心吧。

柿餅：旱坑成全了甘甜

九降風吹進新埔旱坑里，成就了芳美甘甜的柿餅。

此地以空氣清新、日照充足、少雨少霧且有乾燥的九降風吹拂，柿餅產業高占全國九成，造就此客庄的百年傳統產業。每年九月中旬曬製石柿，十一至十二月曬牛心柿，十二至一月則曬蜜柿。柿農心中自有一本老黃曆，絲毫敷衍馬虎不得。

清洗選果、去萼削皮、炭烤日曬、捻壓整型及烘焙殺菌，經歷層層工序，柿餅約需七至九天得以完成。天然的柿子在製程中不斷流失水分，水果酵素充分發揮作用。柿子愈乾，甜度愈高。最終糖分滲出，於表面呈現一層白色粉末結晶，望之有如霜降，稱作「柿霜」。柿霜性涼，可入藥，止咳、化痰、潤肺。

蜜柿個頭較小，甜度卻高，側看有如毛筆的筆尖頭，故又稱「筆柿」。我喜歡買些筆柿自用送人，一則甜，二則好口采。多吃筆柿可不就「筆事（試）如意」嗎？

黃昏時在新埔河東堂前散步冥思，三合院古厝與萬千柿餅，共組成一片橘紅色的喜樂清平世界。柿餅、柿染真同膨風茶（東方美人茶）一般，是客家人愛惜物力、敬天得時的地華特產。

仙草：仙人享用的美味

九降風吹進關西鹹菜甕，成就了仙人贈與的青草。

此地三面環山，僅一路出口，其形如甕，故舊名「鹹菜甕」，日據時代以諧音改稱「關西」。關西仙草產量占全國八成。

仙草是野生的青草藥，搓揉葉片即釋出黏稠膠質，莖部為香氣來源。一年生的仙草，每年九、十月可採收，十一月開花時，農家多先行將花朵打掉，以保持品質。自中秋至明年大寒皆可曬製仙草，此時充足的日照加上九降風不停吹拂，約三至七日可完全乾燥。仙草乾儲存於通風處，愈陳愈香，壽命可達九、十年。

香濃溫厚的燒仙草，冬季尤受風城人歡迎。

仙草味甘性寒，煮食之後清涼解渴、降火氣、消除疲勞，是極佳的入藥良方。此地好山好水，好風好日，素有「長壽之鄉」美名，未知是否與常食仙草有關？仙草，客家粵東原鄉咸稱「仙人粄」，意即「仙人享用的美食」。

芋頭：風後沉澱出綿密

九降風同時遍吹湖口台地與大安溪口，成就了濃郁綿密的芋頭。湖口台地位在新竹平原北側，九降風至此開始收束轉強。農民利用當地的黃黏土特性，栽種出品質極佳的水芋。一如高雄的甲仙芋有落山風吹拂，湖口水芋經九降風吹後，水分蒸發，開始進入澱粉沉澱的轉換期，散發出迷人香氣。無怪乎風城處處遍布芋頭美食：芋泥、芋餅、芋頭冰、芋頭粄、芋頭肉圓……

九降風更沿著海濱，一路強勁吹入新竹以南的大安、大甲溪口。此地水源充足，雙溪交會沖積而成的黑砂田土，含有砂礫及黏質土壤，適於栽種芋頭與番薯。農家兼營酒莊，更開發出芋頭燒酎、番薯燒酎，甚至一款香氣馥郁的白蘭地，其名為「九降風」。

此地今為台中市轄，本不該贅筆記之。但大甲昔時為竹塹城轄下淡水廳之南大門，百餘年前的同治年間，林占梅曾率五百義勇南下，隨著九降風吹之路，沿途克復清水、梧棲直至彰化八卦山，終於協助官軍平定戴潮春之亂。遙想清江舍急公尚義、任俠好酒，行伍中必定少不了酒壯軍威吧？

特以此酒「九降風」，一酹竹塹城豪雄英靈。

套餐端出本色本味

九降風也稱「九櫎」，又稱「九廟風」。南風怕鬼，卻為何連鬼都怕新竹風呢？是因為新竹風能吹出天地間所有存在（人、鬼、萬物）的本來面目嗎？一如她吹拂出風城的各種風味：米粉、柿餅、仙草、芋頭、烏魚子……。凡此種種，皆是九降風的本色味道。

身為好吃的在地人，我曾自行設計一份「九降風套餐」，幾番與家人好友自斟自樂。如今饕者日眾，不敢自珍，乃公諸於美食同道。

開胃前菜，先上一碗清涼解渴的仙草茶。拌入寶山鄉的黑糖，甜香濃郁。或講究些的，不免點上若干新竹市的龍眼蜜，飲來消暑解乏，胃口大開。

主食自然是九降風收、溫潤爽口的米粉料理了。不同於一般店家為求效率，會先以熱水浸泡米粉，上鍋蒸煮，再以醬油快速上色、大量作料爆香，炒出掩蓋本色的米粉。我倒有個米粉廠頭家的自家內用妙方，根據新華蔡老闆的傳授：優質米粉僅需冷水沖洗灰塵雜質，另起油鍋爆香，取米粉與高湯水的比例為一比一（如二百五十克兌入二百五十毫升，水亦可略少）後烹調，最後蓋上鍋蓋燜煮便好。此時半乾半軟的米粉正好充分吸飽高湯，起鍋後充滿自身的米香，又吸附各種料香，原汁原味清香至極。

盡可依廚下現成食材，做出炒米粉、南瓜米粉、米粉三色捲、彩虹蒜味米粉，甚至是別具異國風味的米粉富貴肉捲、圓鱈黃金米粉捲，或迷人的米粉恩利蛋。可千萬別端出米粉羹、芋頭米粉湯、絲瓜米粉湯或是澎湃的海鮮雙芋米粉湯等等湯食，不單與主食重味，更因此時我心中理想的搭配靚湯，乃長生仙草雞湯也。

先精選強勁有彈性的放山雞腿，去皮去油脂（我怕油），次第加入濃醇的仙草原汁、枸杞、紅棗、熟地及少許米酒一同熬煮，湯汁且需再撇去上層浮油二、三次（我真怕油），才是清澈甘甜兼又芳香濃郁的長生好湯。

佐餐之酒，自非「九降風白蘭地」莫屬了。此酒萃取金香葡萄釀製，再經二次蒸餾，之後置於橡木桶中吸收其沉穩香氣，伴隨著歲月流轉靜待熟成。酒色呈琥珀般流亮，口感卻是柔滑順喉、後勁十足。下酒菜，我選用新竹舊港的碳烤烏魚子切片。

飯後甜點，花樣就多了。可依照時令產季，品嘗石柿、牛心柿或筆柿等九降風吹的柿餅；亦可吃香濃綿密的芋餅、炸芋頭片及芋頭蛋糕。無論如何，最後總得攤上一碗熱騰騰的芋泥方肯罷休。

想起清代名臣林則徐一則逸聞。話說當年林公受命為欽差大臣，遠赴廣州禁菸。各國領事為了奚落中國官員，故意安排了冰淇淋端上宴席。林公乍見此物冒著絲絲白氣，以為是道熱菜，噓氣再三這才送入口中，誰知竟是塊冰團！引得列強哄堂大笑。

不久林公備宴回請，席末也特地端上福州名點「太極芋泥」。這芋泥滾燙至極卻不冒熱氣，翻譯介紹此乃「福州冰淇淋」是也。領事們迫不及待地先嘗為快，其下場可想而知。我們享用芋泥時，每每樂道此事。

訕笑之餘，不覺燙傷了舌頭。

九降風米粉散步地圖

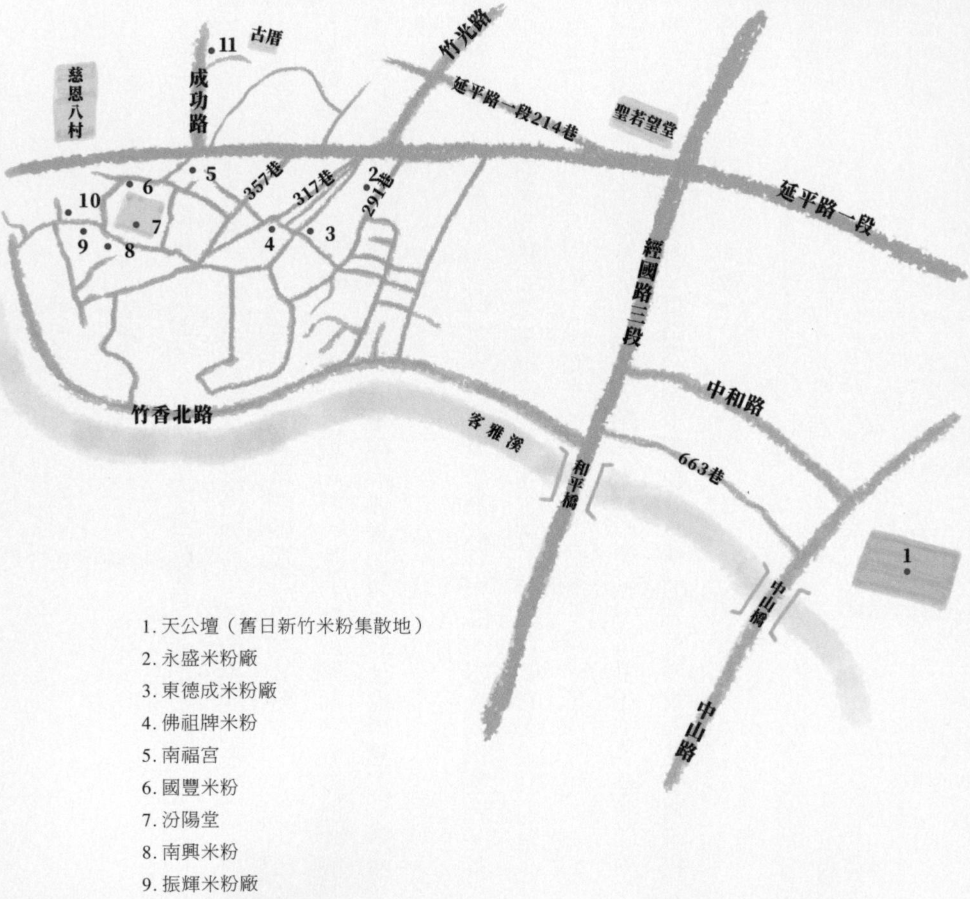

1. 天公壇（舊日新竹米粉集散地）
2. 永盛米粉廠
3. 東德成米粉廠
4. 佛祖牌米粉
5. 南福宮
6. 國豐米粉
7. 汾陽堂
8. 南興米粉
9. 振輝米粉廠
10. 青南宮
11. 新華米粉廠

尋味備忘錄

米粉

新華米粉／成功路 469 號／ 03-5221587

山川米粉／北新街 63 號／ 03-5224354

國際米粉／中華路五段 538 號／ 03-5400478

東德成米粉／延平路一段 317 巷 3 弄 47 號／ 03-5233530

阿城號米粉／城隍廟口／ 03-5284517

西市米粉湯／西安街 82 號／ 03-5253341

烏魚子

竹魚水產／西濱路三段 20 巷 100 號／ 03-5304141

福樂休閒漁村／竹北市鳳岡路五段 155 巷 65 弄 86 號／ 03-5562690

柿餅

味衛佳柿餅工廠／新竹縣新埔鎮旱坑路一段 283 巷 53 號／ 03-5892352

阿源伯柿餅／新竹縣新埔鎮旱坑路一段 488 巷 5 號／ 03-5881952

陳記柿餅／新竹縣新埔鎮新關路五埔段 665 號／ 03-5883830

仙草

第一家正宗燒仙草／林森路 208 號／ 03-5249808

關西農會／新竹縣關西鎮北山里高橋坑 6 號／ 03-5872010

關西仙草巷／新竹縣關西鎮中興路 14 號／ 03-5874090

芋泥

葉家大粒粉圓／北門街 83 號／ 03-5256763

腳踏車芋泥／新竹縣湖口鄉湖口老街 207 號／ 03-5696856

芋餅

彭成珍餅行／西安街 5 巷 21 號／ 03-5224877

淵明餅鋪／中山路 112 號／ 0952-170115

台富行／新竹縣湖口鄉湖口老街 225 號／ 03-5998097

瑞源餅行／新竹縣北埔鎮南興街 124 號／ 03-5802686

隆源餅行／新竹縣北埔鎮中正路 16 號／ 03-5802337

芋酒

大安區農會酒（供銷部）／台中市大安區中松路 93 號／ 04-26710397

百瑞酒莊／台中市外埔區三崁路 338 號／ 04-26837788

戲台上清曲悠揚，戲台下風物馨香。不由興起今夕何夕、福地福人居之感。

城市的印記——肉圓、煙腸及其他

肉圓界的胭脂美人

台灣各地皆有肉圓，包括新竹、台中、彰化、北斗、台南、旗山與屏東等，這些肉圓大同中有小異，各自創造不同的城市味覺記憶。我在十八歲離家讀書前，竟不知世上有未包紅糟肉的肉圓。

新竹肉圓與其他肉圓外皮作法相同：在來米磨成的米漿調入番薯粉，形塑出半透明的粿皮，以溫油慢慢浸熟後有嚼勁。

肉圓的內餡主要是豬肉（台南用火燒蝦仁）。豬後腿肉或生或熟，或肉丁或絞肉，佐以香菇、竹筍及調料。塹城肉圓的豬肉內餡特別講究，豬肉必得先浸泡來自新竹縣的客家紅糟，成為紅糟肉後再搭配糖、醬油等各式佐料，這還不足。

別具巧思的風城人更研發出四大名角來幫襯豬肉的口感，我戲稱為新竹肉圓的四大美女。加入剁碎的青蔥，如映照若耶溪色青青的蔥肉肉圓，是人見人愛的西施；筍絲肉圓風味獨特，是貂蟬；芋頭肉圓現已少見，一如出關後的王昭君；栗子肉圓加入熟成栗子，豐腴甘香可比楊貴妃。有考究的店家如飛龍者，甚至堅持使用自義大利進口的栗子，成了洋貴妃。

手工形塑、尚未入浴油鍋的新竹肉圓，一個個珠圓玉潤、晶瑩剔透、肌膚白裡透紅，真可謂天香國色。店家細細地押上纖纖紅印，如美人紅唇，如貴妃額花。有圓圈、有三角、有星星、有方框、有雙圓、有雙圈，更有小巧的花朵兒。

即使押紅的起源已無可考，然這美人獨具的胭脂紅已成為塹城飲食文化的一抹印記，到何處都照眼分明。

在珠圓玉潤的肉圓上點胭脂，成了新竹獨有的押紅標記。

百年老店印證飲食軌跡

這胭脂紅到何處都照眼分明，好比落腳台北萬華龍山寺旁的新竹肉圓。

陳老闆一邊撥弄油鍋中的美人肉圓，一邊訴說這個百年老店遷移的歷史。第一代老頭家陳爺爺年輕時曾從唐山福州師傅習得手工製作肉圓與貢丸的訣竅。於是在三十五歲那年（一九一〇，日據初期的明治四十三年）自立門戶，在竹塹城西門一帶以手推車叫賣肉圓。由於作工精良、餡料考究，開始闖出名號。

然而一九三七年中日開戰，殖民政府亟於修築新竹飛機場以為南侵基地，陳家土地亦在大筆徵收之列，於是陳爺爺決定帶著生財工具、肉圓推車與全部家當舉家北上艋舺。

先是在貴陽街的清水祖師廟附近落腳，又遷大理街，民國六十年代再遷入三水臨時市場。一家兩代共同打拚，每天賣出三、四百粒新竹肉圓，生意遠近馳名、如日中天。不料一場無情大火，將陳家百萬的生財工具與家底全數化作灰燼，只留下一口煮羹湯的大銅鍋。

終究，製作肉圓的手藝搶不走，風城飲食的印記也燒不去。老陳家重整旗鼓，再度開賣新竹肉圓。

今日陳記仍然以家傳作法維持新竹肉圓的百年風味。五穀米加入番薯粉打漿做成粿皮，內餡則是以紅糟醃漬一整天以利入味的豬後腿肉（紅糟仍來自新竹北埔），再使用特殊手法去除紅糟酒味，接著拌入香菇與紅糟嫩筍，先蒸後炸，風城美人的滋味他鄉重現。

再搭配一碗頭家親手製作、噴香多汁的貢丸湯，剎那間，彷彿重回新竹那百味紛陳的城隍廟口、鯉魚之胃。

殊不知這一粒小小的新竹肉圓，乃是百年間融合族群食材與口味而來。

族群碰撞與融合的縮影

竹塹城是清代淡水廳治所在，與廳轄的淡北、淡南等地相比，無論是政治、文化、社會、族群與經濟面都要穩定得多，儼然動盪山河中的北台堡壘。

以商郊組成為例。竹塹城自王世傑以降，移民多為泉州人士，故塹郊金長和的「老抽分」與「中抽分」商戶亦以泉籍為多。咸豐年間成立的「新抽分」商戶組成更形複雜，幾乎包括來台發展的各處移民。泉州府五縣的晉江、南安、惠安（頂郊，合稱三邑人）、同安（下郊）及安溪人全數到齊，漳州府人來了，粵籍商人（姜榮華）及大陸他省商人也列名其中。原籍漳州漳浦縣的恆隆號當家林福祥，更是長期擔任爐主，領導塹郊與新抽分商戶。當日竹塹城內的人口分布，大致是福建籍七成、廣東籍二成、外省一成。

其中開台進士鄭用錫的家族源自漳州漳浦、今日的金門，自其父鄭崇和以來一貫維持族群和諧。內公館鄭家的大家長鄭崇和，渡台後娶苗栗頭份團練陳武生之女為妻，因此開台進士的母親是客家人。外公館林占梅與台灣第一位客籍進士黃驤雲的女兒黃氏成婚，占梅之母楊鉛娘則是江南閨秀，來自浙江會稽。如此融洽的族群分布，在彼時的台灣可謂罕見。

當時台灣隨著開墾重心轉移，分類械鬥從南向北推進，愈演愈烈。移民為爭地、為爭水，或為私怨、為報復，更為不同的利益團體，相互畫清界線、區分類別，不得已爆發群體的武裝衝突。而在北台灣族群械鬥最為慘烈的時代，鄭用錫奉旨籌辦團練，調解日益嚴重的漳、泉、粵族的械鬥事件，還親撰〈勸和論〉一篇，勒石於苗栗後龍，並與李錫金等人親赴各莊曉以大義、排解糾紛。鄭用錫曾說：「甚矣，人心之變也！自分類始。……顧分類之害，莫甚於臺灣。」社會的動盪不安常常從人心「分類」開始，繼而排除異己，最終相互內耗而消亡。

不知鄉親們是否真受到鄭、李二位的精神感召，新竹肉圓當仁不讓地展現出不同族群食材的融合風格，成為全台灣各種肉圓中的異數。七十年後的陳氏一家，從新竹來到「頂下郊拚」劫後餘生的艋舺地界，父子一同推車叫賣風味獨特、融合閩客口味的肉圓。如果今日我們能在享用新竹肉圓之餘，著意體會先人追求族群和諧的良苦用心，則寶島「數年以後仍成樂土，豈不休哉！」

（咳，肉圓竟能吃出憂國憂民的怪味兒來，這老骨董！）

跨界綿延的煙腸小吃

新竹地區還流傳另一種族群融合的美食：閩人口中的粉咨（又稱粉腸），是來自客家人獨具風味的煙腸，或稱烟腸、水煙腸、白煙腸。

這種形似香腸的小吃，得自早期生活艱困的客家先人智慧。以豬小腸為外衣，地瓜粉漿裹著瘦肉一齊灌進腸衣中成形，因而也稱「灌腸」。這等夾帶肉餡、口感獨特的煙腸，除了過年節慶拜拜時可以「湊牲」、為寒儉的祭品增添風采外，更是家居飯桌上難得的「桌心菜」。

煙腸看似尋常的小吃，製作起來學問可不小。先是精選豬的後腿瘦肉去筋加工，再以十數種中藥配方如五香、甘草、百草與肉桂等加鹽、糖調配出的醬料醃上一天；接著依空氣及地瓜粉的相對濕度與經驗判斷，加熱水製作出粉漿的引子——客家話稱作「粄母」的便是。此後另以地瓜粉加入大茴、小茴等香料，徐徐添水拌勻，再加入粄母與醬油，這才混調出香氣誘人的琥珀色粉漿來。

粉漿搭配醃就的瘦肉，妥善灌入腸衣之中，分段打結後下大鍋慢煮。因為用的天然腸衣，有粗有細，有厚有薄，如何煮得充實漂亮而不破裂，端靠師傅歲月積累的功力了。

冷卻的煙腸切片即食，冰鎮後更是口感倍增、風味絕倫，可搭配甜辣醬、金桔醬、香蒜醬油。若真想逗引出煙腸獨特的香料氣味，講究的店家會以米醬、味噌為底，拌入些許辣椒醬與蒜頭調製出獨門沾醬，再搭配清爽脆辣的嫩薑絲，許多人這一筷子下去便嘗了一輩子。

客人聚居的新竹城郊，新埔、北埔、竹東、竹北……，處處可食煙腸。這香軟兼又彈牙的美食傳入塹城內，同樣餘味繚繞、遍地開花，廟口、麵攤、樹下、老店……，人人大啖粉耆。

這絕佳風味的起源，客家人將之上溯到好食豬肉的大文豪兼美食家蘇東坡。也有說雖不如東坡肉的專利發明，煙腸卻是坡仙晚年的最愛。可據台大人類學者曾振名教授的個人追憶，此味乃是其父於光復後自宜蘭引進。又有一說係自大甲粉腸演變而來。

確認這道美味佳餚究竟出自何人創意，或許無關宏旨。可以肯定的是煙腸風行於風城大大小小食客的口腹之間，成了族群融合的另一道跨界風景。

這股融合的化雨春風，成為竹塹城市永恆的印記，又烙印在飲食生活上。

於是，新竹肉圓成為全台獨一無二、必得包入紅糟肉餡的肉圓。這原料來自客家鄉親手製的紅糟，進而調製成新竹肉圓必備的紅豔沾醬，又滲入了紅糟燕丸、紅糟肉中。

為求皮脆韌而有彈性，廚人歷來以特殊的比例調製而成：水七成、地瓜粉二成、在來米粉一成。

客家獨具風味的煙腸，成了閩南人愛吃的粉腸。客庄盛產的芳香柑橘，成就了新復珍研發的甜點「美祿柑」。而閩籍孝子苦心錘鍊出的貢丸，在新竹更是無人不吃、無飯不與，無論你的祖上來自何方。

隨風潛入夜，潤物細無聲。原來，新竹城市飲食自有其獨特而深沉的歷史印記，其味貴在融合與和諧。

以獨門沾醬為底，切後冷食的煙腸是老塹城人一輩子的記憶。

肉圓散步地圖

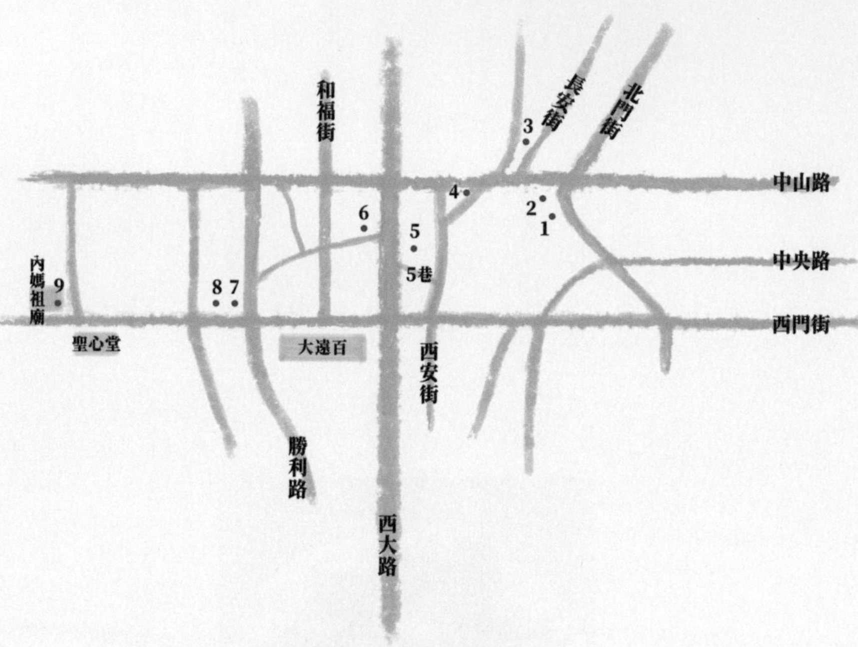

1. 城隍廟口（新竹肉圓集散地）
2. 東轅門
3. 台南蝦仁肉圓
4. 滋味齋（素肉圓）
5. 內媽祖廟舊址
6. 楊氏節孝坊
7. 海瑞貢丸
8. 飛龍肉圓
9. 廟口肉圓（內媽祖廟）

尋味備忘錄

肉圓

林家肉圓／城隍廟口／ 03-5261706

阿忠肉圓／城隍廟口、戲台邊／ 03-5255054

飛龍肉圓／西門街 104 號／ 03-5246263

鷹王肉圓／延平路二段 350 號／ 0933-794992

內媽祖廟口肉圓 ／西門街 182 號／ 03-5260407

滋味齋／西安街 68 號／ 03-5264609

台南蝦仁肉圓／長安街 5 號／ 03-5247173

新竹肉圓／台北市萬華區廣州街 165 號（龍山寺旁）／ 02-23081641

煙腸

好吃麵／大同路 182 號／ 03-5240289

新大同飲食店／大同路 146 號／ 0926-081053

竹塹小吃部／集賢街 78 號／ 03-5228824

鬍鬚李／西大路 531 號／ 03-5252366

三億小吃店／西大路 393 號／ 03-5253695

東坡煙腸／新竹縣新埔鎮成功街 101 號／ 03-5883357

源香屋客家粄條店／新竹縣新埔鎮中正路 445 號／ 03-5887095

位於東區柴橋里的李錫金孝子坊，是台灣目前僅存的孝子牌樓。

幸福的價值——貢丸

為了齒牙動搖的老母

正如北京烤鴨、蘭州拉麵、天津狗不理和台南擔仔麵，說到新竹，要數貢丸了。

貢丸本是以豬肉捶打、加工製作而成的一種肉丸子，風行於中國東南沿海諸省——福建、兩廣一帶甚而遠至南洋。

貢丸的緣起，流傳著一個關於孝子的故事。據《續修新竹市志》記載：清朝末年在福建有位出身貧寒的孝子孟某，常思報答寡母含辛茹苦的養育之恩，然而孟母年事已高，雙目失明，齒牙鬆動，回味豬肉的美味而不可得。孟某苦思冥想多日，終於發現無上妙法：將豬肉除皮去筋，並以捶打糯米的方法打成肉漿、使其口感綿密鬆軟，再捏成易於進食的丸狀，終於大功告成，博得寡母的歡心。於是孝子孝行，風傳千里，鄉人爭相學習云云。

然而這個美麗的孝子傳說到今日的版本是：時間推前兩、三百年，提早到明末清初，地點設定為福建沿海的小漁村，孝子則確立姓名為孟波（不禁聯想起漫畫《城市獵人》），傳得愈來愈有鼻子有眼兒。

既然貢丸流行東南各省，新竹的豬隻也未必品種絕佳、風味絕倫，何以成為貢丸之鄉？一說是從福建到台灣的最短距離正是新竹，所以流行最快且廣。另一說則是貢丸並非出於福州孟某，而其實是新竹的孝子。

新竹歷來確實出孝子。有詔舉為「賢良方正」、入祀鄉賢祠的明志書院山長鄭用鑑；有篤志力學、奉養雙親的「三孝人家」張金聲；有詩書畫三絕的「北台大儒」張純甫。其中最為在地人士津津樂道者，是立了孝子牌坊的李錫金。

全台獨一無二孝子坊

李錫金的孝義故事頗似孟波傳說的原型，我甚至懷疑他就是孟波。小錫金家境貧寒，但鄉里人都知道，這是個用心事奉寡母的大孝子。後來他與大哥一起，全家從福建晉江渡海到台灣尋找生機。因緣際會，在竹塹北門鄭崇和的商號裡學做生理。

每當母親生病，小錫金總是勤謹侍奉、二十四小時待命，甚至還焚香乞求上天，希望以自己的生命替代。十七歲時慈母過世，只能以簡單的儀式送葬，每天擔心狂風暴雨沖毀墳墓，只好哀求頭家預借五年薪水重修。這等純孝的舉動感動了鄭崇和，從此對他格外賞識、逐步提攜。

幾年後李錫金在北門大街上開設李陵茂商號，從此家運興隆。經商有成之餘，他特別重視家族教育與孝道價值的養成。鬩建宗祠，以供追念先人。又增設私塾，延請名師，極力栽培家族子姪讀書。

成功後的李錫金樂善好施，熱心公益。咸豐三、四年間（一八五三、一八五四）淡水廳各地分類械鬥嚴重，他與少東家鄭用錫四處滅火，宣揚〈勸和論〉並出錢賑災，救活許多百姓。同治元年（一八六二）發生戴潮春之亂，他親率子姪協同地方保安，捐助軍餉。他待人寬厚，臨終之時，親手燒毀窮人家的欠條，一千多兩的債務就此一筆勾銷。

北台灣有許多人感念他的孝行義舉，於是光緒八年（一八八二）奉旨在竹塹城北門外湳仔莊為他建立牌坊（現已由子孫移建到明湖路上），這可是全台獨一無二的孝子坊。而李陵茂「孝友傳家、守先待後」的家風，更使得後世子孫人才輩出。知名書畫家李逸樵、留日大律師李子賢，以及號稱「新竹第一博」的醫學博士李克承，都出自孝子李錫金家族。

去筋、捶搗、拌料盡是辛勞

製作貢丸乃是備極辛勞的體力活兒。

貢丸師傅多半起早貪黑，在夜半時分兩點左右起床，開始上市場尋找現宰的溫體黑豬肉——俗稱「活肉」。因為貢丸美味的要訣，首在一個「鮮」字。為了掌握這「鮮」，必須趁肉質尚在活體狀態中，完成所有加工。師傅們熟練地精選後腿活肉，迅速除皮、剔油、去筋，再用木棒（莊氏甚至用球棒）捶搗成漿，拌料，手捏塑形，入水煮熟至定形。全部過程須一氣呵成，不稍停留。

一粒貢丸的生產，歷經千錘百鍊，更依賴師傅精準地拿捏天時（時間）、地利（現場與活體的溫濕度變化）與人和（手感、臂力、經驗）等因素。箇中甘苦，實非外人所能得知。家中第二、三代孩子們，自小身處清晨震耳欲聾的「摃、摃」聲響中（現有機器代勞）、長輩辛勤揮汗的惡劣環境下，推想多半不願承繼家業才是。

其實不然。新竹幾個知名貢丸家族的接班人中，雖有少數自幼便參與工作，但貪玩輟學、叛逆離家，或是出外就業、另謀新路的仍占大多數。奇妙的是，不管他們離家多遠，多半曾在青壯年、成家前後回歸祖業。

「進益摃丸」會館前仍擺放早期的貢丸捶搗用具。（李元璋攝影）

這是什麼原因呢？

或許是倦飛的過程再度思考人生的意義，或許是成人之後重新體認家庭的責任與價值，而長留在他們記憶裡揮之不去的，往往是父母終其一生辛苦劬勞、默默撫養兒女長大成材的背影。

源起於路邊小攤，發軔於西門市場，如今會館煌煌坐落於北門大街的進益摃丸，其實便是一部具體而微的新竹貢丸家族史話。

進益第二代的頭家公葉榮波，人稱「貓江伯仔」。據老人家自稱，日據時代念小學時活潑好動，身軀瘦小卻鎮日像隻貓一樣動個不停，有位親切的老師於是為他取名「貓江」。從此這綽號終生相伴，甚至成為西市時期的店名——貓江丸。而這位「做人很好，沒有脾氣」、對他影響至深的好老師，正是新竹的大畫家、一生敬業的李澤藩先生。

小貓江從六、七歲開始做魚丸，青年時期承繼家業後更加賣命，每天從凌晨工作直至深夜，因體力消耗鉅大，總要吃上四、五頓飯。終其一生，全心全意貫注到小小的貓江丸上。不料打拚到了晚年，兒子葉聰敏卻十分排斥接手，他坦言：「或許是從小跟著父親做，賣到大，怕了吧。」經過貓江伯數度懇談、曉以大義、分析情勢後，兒子終於省悟：貢丸是家鄉新竹的名片，更是他唯一的技術優勢，從此全心投入貢丸的製作與新生。

與節氣應和的貢丸菜譜

近來有店家網站推廣節氣與食記的應和，結合當令新鮮食材、節氣養生觀念及家傳辦桌師傅的精湛廚藝，將貢丸創意料理推向新境界，令人驚豔。且讓我們隨順著大自然四時節氣的韻律，終年盡享這等天之美祿吧。

陽曆二月適逢新正，過年之後春意

一碗妝點些許芫荽的蘿蔔貢丸湯，盡得塹城的風土地氣。

生發，四時始確立流轉，故名立春。宜吃青椒、甜椒、小白菜等以養肝；宜喝蜂蜜水、糖醋，符合立春飲食「少酸多甘」之說。綜合這些食材，可為家人料理一道可口養生、色彩繽紛的年菜——「五彩錦繡」（糖醋甜椒貢丸）。

三月的雷鳴響動，驚醒了一冬蟄伏的萬物，迎接春神降臨，是為驚蟄。此時正值所謂「春天後母面」的多變氣候，飲食注意順肝助脾，宜吃清淡口味。選用當令的蘆筍、香菇，富含蛋白質的雞蛋和豆腐，搭配貢丸、柴魚片、沙拉醬等，做出開胃養脾的「日式和風蘆筍沙拉」。其後春雨綿綿，正當春季之半，是謂春分，仍宜平和溫補，可食「牛蒡蘋果蔬菜湯」。

四月清明過後，時雨降下，百穀滋生，故名穀雨。此時濕氣加重，脾胃卻正強健，利於消化營養，故可補充大量維生素以增強抵抗力，為將來的長夏做準備，正好進用拌炒豆芽菜、貢丸切片、乾香菇、木耳絲、韭菜、洋蔥的「木須炒麵」。

五月立夏以後，萬物成長未熟而稍得盈滿，故名小滿。此時氣溫節節攀升，暑氣日來，飲食以清爽平和為宜，當令的紅蘿蔔、甘薯，或山藥、冬瓜、花椰菜皆是好選擇。搭配荸薺口味的貢丸，可料理出溫潤清香的「日式山藥丸子燉飯」。

六月的暑氣日升，可趁此種有芒之穀，故名芒種。利用竹筍、秋葵和馬鈴薯等當令食材，熟後冰鎮，拌以貢丸切片、佐料及優格沙拉醬等，做出清爽開胃的「貢丸沙拉」正合適。夏至時分，炎夏正式報到，導致食慾不振，須得補充水分、謹防中暑。以當季的小黃瓜、黃紅甜椒，搭配白蝦、貢丸、檸檬、蒜頭、黑胡椒等食材，可端出一道「夏日繽紛義大利冷麵」。

七月，暑氣蒸騰卻尚未熱到頂點，謂之小暑。夏日當令的絲瓜性寒而甜嫩可人，加入熱性的薑絲並海帶芽、貢丸提鮮，就是消暑美食「絲瓜麵線」了。大暑顧名思義，正是一年當中最熱的節氣，補充水分之餘忌過度生冷，飲食以清淡多樣為好。可以電鍋簡單料理出「南瓜貢丸咖哩飯」，香氣瀰漫、營養豐富，帶動長夏的淋漓元氣。

八月，萬物紛紛成熟乃至凋零，稱作立秋。宜食成熟飽滿的果實、根莖類食物，以當令的蓮藕為主，可烹調「蓮藕貢丸排骨湯」。隨著暑氣將退之際，「秋老虎」發威的時節稱作處暑。此時可作「金針貢丸排骨湯」，以排骨、貢丸的油脂，搭配富含維他命C的金針，促進腸胃蠕動並降低膽固醇。初秋進用這些貢丸湯食，誠為滋潤良方。

九月，日夜溫差加劇，秋季已然過半，便是秋分了。秋氣高爽，宜吃些滋陰潤燥的湯食粥點，保養口鼻喉等呼吸器官。此時可以當季的高麗菜，料理出簡單的「高麗菜貢丸粥」，頤養肺經。

光輝十月，國慶後露水凝結為霜而下降，故名霜降。新竹吹起九降風，此時芋頭、柿子、茭白筍皆熟成美味，玉米鮮甜，山藥溫而不燥，老薑溫熱，再以貢丸取代傳統久煮的燉排骨，便是獨具風城味道的「山藥時蔬貢丸湯」了。

十一月，冬寒降臨，萬物終成而收藏，節令立冬。或羊肉爐或麻油雞或薑母鴨，此時鄉俗總是要進補的。上國藥號配好藥膳排骨藥包，同樣以貢丸取代需時久煮的排骨，加入適量米酒與麵線，便可整出濃香蒸騰的「藥燉貢

貢丸搭配性高，置入新竹特產的鴨湯亦是相得益彰。

丸麵線」。至小雪寒氣益重、玉山飄雪，此時進補食蓮藕可健脾養胃、益氣補血。加手工貢丸、紅蘿蔔、蔥、蒜、冰糖、醬油膏等一同燜煮，便成滋味醇厚的「蓮藕滷貢丸」。

十二月，陰氣積累，天降大雪，故名大雪。寒冷中以竹北香米、湖口芋頭與新竹貢丸同煮，喝上一碗米香、芋香與肉香熱情交融的「芋頭貢丸粥」，身心脾胃皆得大溫暖。待到了冬至，正是北半球白晝最短、黑夜最長的一天，此時的節食自非湯圓莫屬。備妥當令的芹菜、香菜、茼蒿和韭菜，加上貢丸、鮮肉湯圓，便是獨具在地風味的「客家鹹湯圓」。

一月，節令小寒。此時天氣漸寒，尚未大冷，故名小寒，當以薑及辣椒溫補，故可來上一碗「剝皮辣椒蘿蔔貢丸湯」。待到冬氣凜冽已極的大寒，就是一年之中最後一個節氣了，適合吃些溫散風寒之物，如生薑、大蔥、花椒、桂皮、紫蘇葉等，並富含營養的蔬菜如洋蔥、南瓜等，煮個「南瓜貢丸家常麵」最好不過。這道湯食也為凜冽的嚴冬、一年的節食同時畫上完美的圓點。

尋常人家的百搭風味

美食大家唐魯孫曾說：「天氣漸涼，無論吃涮鍋子，或者打邊爐，放幾粒貢丸同煮，爽脆適口，那倒是一點也不假的。」實則除了湯吃，數百年來貢丸早已發展出多樣料理法，可謂「煎煮炒炸烤，怎樣都是寶」。

貢丸特別之處，在於其不似獅子頭等類肉丸，僅僅將絞肉團捏成丸子狀；反倒是以魚丸、蝦丸、花枝丸一樣的作法，反覆捶打至「出膠」成為肉漿，豬肉結實的蛋白質造成網狀結構，形成獨具的彈性口感和豐腴滋味。更使得貢丸與其他菜系、食物輕易搭配，有極大的相容性，儼然台灣國民料理的基本款。

嗜香辣者，可以九層塔貢丸加入四川麻辣燙、海底撈湯底同吃。也可拌入辣炒魷魚石鍋拌飯，或更直接的單身漢吃法：與韓式香辣泡麵同煮。九層塔的獨香、豬肉的腴香與辣味辛香激情演繹，相得益彰。

嗜燒烤者，可以熱油下蒜頭末與紅蔥頭爆香，加蔥花、辣椒末、香油、米酒等各式調料做出醬汁，油炸貢丸拌炒，端出一道台式醬燒貢丸。更可利用貢丸本身富含的油脂，串起後置入烤箱，待表皮金黃，再撒上各種私愛調料：胡椒鹽、辣椒粉、咖哩粉甚至是七味唐辛子，做出簡易私房料理——香烤五味貢丸串。

安居新竹，尋常人家的尋常食材裡總有貢丸。孩子放學後的漫漫辰光，母親們打開冰箱翻找剩料食材，可供快速調理而又風味百搭的貢丸便成了最佳選擇。不管是生力麵陽春麵大滷麵吃剩半碗的麵線糊，不管是冬瓜湯菜頭湯蛋花湯昨夜遺留的鹹稀飯，皆可同煮共食。家母為求省時便宜，常將丸子縱橫兩刀、十字打開，這形如花朵、豐腴噴香的貢丸，乃成為許多風城少年發育期的點心、共通的飲食記憶。

貢丸如是這般，融入新竹的家庭食譜中，形成平凡生活的美味。各種精工細作、快炒慢燉、創意調味乃至急就章大鍋煮等等不同作法，悠然標示出每個尋常家庭所獨有的幸福。

貢丸，又稱「孝子丸」。

貢丸散步地圖

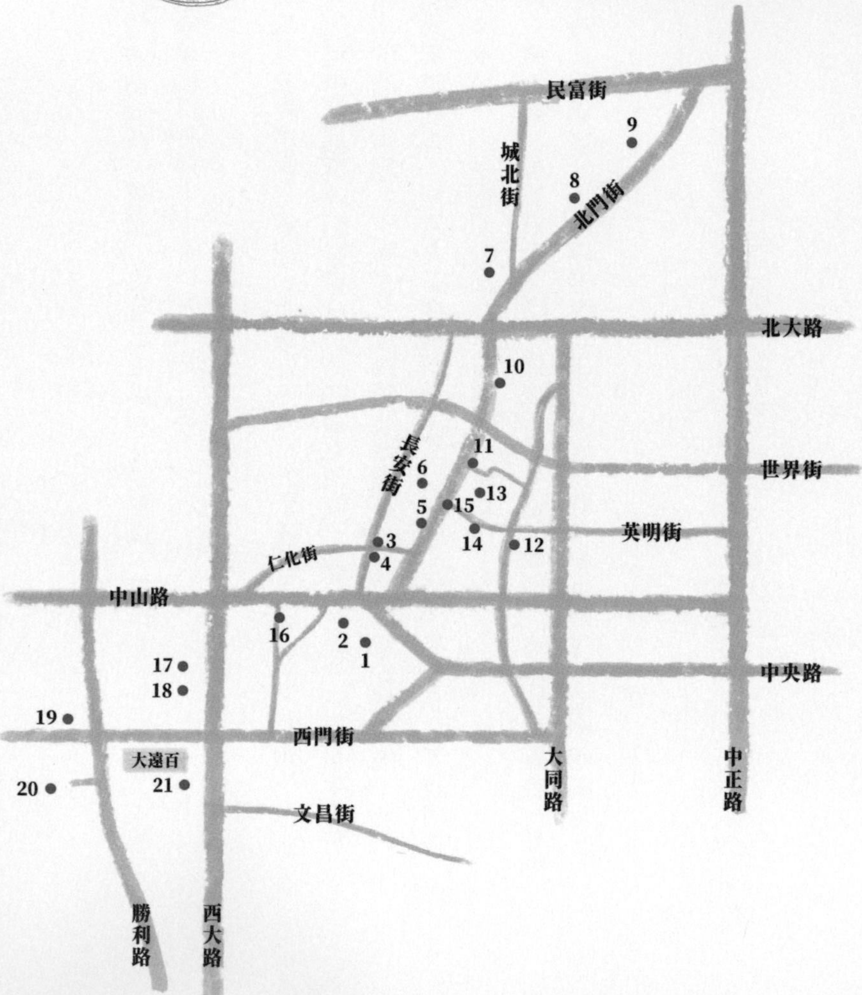

民富街
城北街
北門街
9
8
7
北大路
10
長安街
11
6
13
5
15
14
12
3
4
世界街
英明街
仁化街
中山路
16
2
1
中央路
17
18
19
西門街
大遠百
20
21
文昌街
大同路
中正路
勝利路
西大路

尋味備忘錄

進益摃丸文化會館／北門街 31 號／ 03-5251952
海瑞貢丸／西門街 98 號／ 03-5261115
三億客家湯圓／西大路 393 號／ 03-5253695
莊氏食品行／香北路 211 號／ 03-5398852
福記貢丸／東南街 28 巷 38 號／ 03-5612000
華品／南大路 626 號／ 03-5619111
南非貢丸張／中華路五段 208 巷 10 號／ 03-5401145
巧口手工丸子本鋪／ http://www.chiau-kou.com.tw/

1. 城隍廟口（新竹貢丸集散地）
2. 東轅門
3. 如美西點（竹塹餅）
4. 竹仔城巷
5. 進益摃丸文化會館
6. 周益記大厝（原李錫金房產，「周益記」三字為李逸樵所題）
7. 長和宮「捐銀疏通溝路碑」（碑末可見總理鄭用鑑、董事李錫金署名）
8. 吉利第（鄭家）
9. 小蝸居（鄭用錫、鄭用鑑書房）
10. 謙成會館
11. 新泰春吳服店（今典雅花苑）
12. 後圳溝街（中山路 40 巷等）
13. 李錫金大厝（今錫金大樓）
14. 益勝巷（通李家大門、今英明街）
15. 見域亭仔腳（買一本在地文化刊物《貢丸湯》吧！）
16. 衙門口（海瑞、華品、進益貢丸門市）
17. 三億客家湯圓（貢丸湯）
18. 楊氏節孝坊
19. 海瑞貢丸
20. 李公館（李錫金後代、李克承博士故居）
21. 明志書院（鄭用鑑教學處，旁有明志書院停車場）

鄭用錫建造的「外公館」北郭園不復存在，今已成為在地攤食的背景遺跡。

塹城夢華錄——北郭一帶古早味

這場夢的開始，不妨從梧江鄭氏移居新竹北門說起。

北門鄭家的第二代鄭用鑑，號藻亭，他是開台進士鄭用錫的堂弟，也是北台灣首位拔元。因為二弟早逝，所以他選擇辭官回鄉教書，可以每天侍奉雙親。因為他樂善好施，倡導文教，同治年受封舉為「孝廉方正」，成了地方上的道德楷模。後來與伯父鄭崇和、堂兄鄭用錫都入祀「鄉賢祠」，成為全台特例，至今沒有哪個家族能破這紀錄。現在立於鄭氏家廟中的一支長腳牌，上頭大書「父子、兄弟、叔姪，鄉賢」等字樣，具體而微

在歷史遺址與掌故間享用燒酒雞，別有一番滋味。

地展現鄭氏家風。

藻亭先生主講明志書院近三十年，門生遍及塹南、淡北及蘭陽一帶，成為「北台灣老師中的老師」。他的得意門生陳維英，歷任艋舺學海書院、宜蘭仰山書院掌教，鄉人尊稱為「陳老師」。每年春節初五以前，陳老師總要從台北大龍峒親往竹塹北門拜年。入城後下轎步行，表示對鄭夫子崇敬之意。

遙想當年竹塹城乃是淡水廳治所在，北台灣的政治、軍事與文教中心。淡北民眾經商洽公，或學子赴廳學就讀考試，多從艋舺出發，沿著官道經新莊、桃仔園、中壢、楊梅壢，渡大溪過大湖口、鳳山崎，再搭舊港官渡或金門厝義渡過頭前溪，上岸到湳仔庄。沿著大官道南行，依序經過蘇氏節孝坊、李錫金孝子坊、張氏節孝坊和江氏節烈坊，便能望見一座土城的大北門——承恩門。得！想望已久的竹塹城總算到了。

陳老師多半在此落轎，趕時辰去給太老師拜年。至於一般客商、旅人、轎夫或這位從學海書院跟來的饞秀才，還樂意在此歇腳喘氣，打尖休息。走南闖北的，都知道城門附近好吃好喝。

逍遙承恩門：冬瓜茶、粥、燉湯、鴨香飯

遠來旅人多半口渴，那麼先喝碗涼茶吧。城門左近有高家冬瓜茶，這裡的冬瓜茶入口舒暢、生津止渴。冬瓜茶甜而不膩的第一要訣，在於遵循古法提煉出純正的冬瓜糖。店家先將大冬瓜洗淨切片，再以一層冬瓜、一層白糖等比例浸漬，最後文火慢熬幾個時辰，方能煉出濃稠狀的金黃色結晶物。這個「焢冬瓜」的工序往往持續大半天。冬瓜含鈉量甚低，可治浮腫、腎臟病、高血壓及心血管疾病，夏日飲用可清熱利尿、解暑消悶。其他如肺英草茶、洛神花茶、菊花茶等亦皆以純草藥提煉熬煮而成，入城門者多人手一杯。饞秀才暢飲之後身心通透，遍體清涼，彷彿這座古城的精氣神，向他打了一聲招呼。

也有三兩間廣東粥鋪。說到老廣熬起粥來，那可是天下一絕。且不說清粥已然細糯濃稠、清香四溢，那些加入皮蛋或玉米或香菇同煮的瘦肉粥，那些豬肝蝦仁粥滑蛋牛肉粥鼎皇海鮮粥怎麼偏就能眾味調和、香滑潤口呢？饞秀才見一位客商輕車熟路地點了海鮮粥，一邊先以湯匙翻攪散熱，配料澎湃，竟有蝦子、蛤蠣、花枝、魷魚、蟹棒及魩仔魚；

一邊又自取了小黃瓜、干絲、滷味等小菜，拌上店家特製的小魚辣椒，據桌大嚼起來。真是吾輩中人哪。

說起承恩門美食，自來數古味燉湯為最。此處有三兩家專賣鄉里湯品，皆枕著土城護城河──湧北湖圳做起生意。尤妙的是踏進源味燉品屋，落座後細細打量，發現這屋子竟加蓋在圳上，而你便是跨坐在護城河上吟風嘯月、快意飲食的神仙。不過時人多半不識此樂罷了。

饞秀才看了菜單頗為吃驚，不單元盅雞湯可分人蔘、香菇、金針、瓜仔和四物等口味，就連排骨湯也有蓮子、蓮藕、苦瓜、淮蔘、芋頭、竹筍和菜頭種種搭配。他想起芋頭正是此地風物，端上來那湯裡的芋頭鬆香綿軟，燉得軟爛入味的排骨，再搭配清甜順口的湯頭，那滋味真是哎喲喂呀。小二卻淡定地告訴他：蓮藕、芋頭這兩樣食材「季節已過，停止販售」啦。

他張望旁人桌上的湯品：香菇雞湯，如此燉盅搭配三四朵香菇，這湯頭當是清香適口、淡雅宜人；瓜仔雞湯，這湯頭當是甘甜微鹹、風味獨特……。終於選擇了賣相極好的人蔘雞湯，要在古城裡漫遊，先滋補元氣總不會錯。品嘗之下果然不差。人蔘獨具的清潤甘甜，搭配久煮鬆軟卻又嫩口的大雞腿，形成這道不是藥膳勝似藥膳的滋補佳品。饞秀才暗自慶幸於自己的觀察力。

旁桌的鄉紳一碗竹筍排骨湯，滷肉飯加大滷蛋，還點了白菜滷佐飯，真是深具古風的經典搭配。這滷肉肥瘦兼而有之，看來不如想像中油膩，頗為下飯；白菜滷的分量不少，燉得口感軟爛，似乎還保留著白菜的甘甜；而那顆圓潤香彈的大滷蛋是……鴨蛋？對了，是鴨蛋！饞秀才早就聽聞城南客雅溪畔早年飼養肥美水鴨，因此竹塹城的鴨肉料理遠近知名。不免饞蟲大動，就近先往廟口鴨香飯去。

塹城原有的鴨肉飯，一般以滷肉飯為基底，拌入些許鴨油，再鋪上厚切去骨的鴨肉片。可這店家不同舊法，別出心裁地經營鴨香飯。先是煮出粒粒分明、米香四溢，既無鍋巴亦不軟爛的白米飯；再淋上醬汁與香氣迷人的鴨油，使粒粒白米得以吸飽醬汁，形成別具風

白米飯澆淋醬汁與鴨油，再鋪上嫩口鴨肉片，成就噴香的「廟口鴨香飯」。

味的噴香口感;最後鋪上滿滿帶皮嫩口的鴨肉片,一碗鴨香(諧音壓箱)飯於焉完成。

可以搭配店家拿手的炒鴨腸,用鴨油拌炒酸中帶甘的醋味及略微辛辣的薑絲,配上大量韭菜,炒出這道爽脆可口的鴨料理。既然到了風城,更可選用當地食材:米粉,點一道罕見的鴨肉米粉麵。滿滿的鴨肉與麵、米粉的絕妙組合,碗大量足,湯汁更飽含肉鴨的濃郁香味。真是一碗融合竹塹古早味的風味料理。

吃罷,不免剔著牙兒散步逍遙,打量起這座三百年來的古城一隅。此地水田、崙子二庄,位在竹塹城西北郭一帶,是介於石城北門拱宸門與土城北門承恩門、小北門天樞門及小西門觀海門之間的丘陵地。自打建城以來,便是石城外土城內、一等繁華昌盛之地。

此處靈宇密布,房舍儼然,曲徑通幽,街坊完整。秀才發現幾處道士壇(如霧真壇),又參拜了數不勝數的大小宮觀,有受天宮、聖媽廟、玉虛宮、無極太子宮、天元指安宮……。散步其間,使人思想起此邑人士原鄉:泉州鯉城區的西街風情,甚至是,北宋汴京的朱雀門外街巷。

又因位處眾多城門之間,故亦多福德祠。秀才歷數了北辰福地、長和福地、菜園公、城北永福祠、湧北湖圳邊福地之後，在城邊的刣牛橋上舔筆作了土地公筆記。此時獨立小橋回望，所見皆枕水人家，清風拂來，歲月靜好，別具舊邑生活氣息。

閒步北郭園：鴨料理、滷肉飯、羊肉套餐、燒酒雞

饞秀才悠著步兒，跟隨陳老師的腳蹤，來到北門鄭家聚落。恰在宮道轉角，就能聞見炊煙夾著飯菜香。除了馳名北台、早已有幸品嘗的黑貓包外，附近正是塹城鴨肉料理世家——鴨肉許本店。

鴨肉主食料理，如鴨肉炒麵、鴨肉炊粉、

將鴨血炒得軟燙滑溜，口感更勝豆腐，開胃下飯。

鴨肉飯、鴨肉湯麵，或者快炒鴨血、鴨腸、鴨下水等，自是此店本色行當。老客多稱「好吃到會咬舌頭」，無論人數多寡，習慣先點老店的招牌菜——炒鴨血。滿滿一大盤端上時，還真把饞秀才嚇了一跳。這道炒鴨血味道酸中帶甜，帶有醋味，搭配新鮮甜美的韭菜花，伴隨濕潤的醬汁，口感滑嫩猶勝豆腐，十分開胃下飯。饞秀才不想浪費湯汁，也不想變成酸秀才，加點了一碗白飯拌著吃。

要想在塹城風味的鴨肉料理場中站住腳，世家老店自有獨到的工夫與傳統。鴨肉許自第一代起，除了開發快炒鴨料理：鴨肉、鴨血、鴨腸之外，更著力研發煙燻風味。「日理萬鴨」的總店，必須以一天二十四小時輪三班制來處

「鴨肉許」的煙燻鴨肉表皮黃澄香脆，肉質豐腴不乾澀，佐醃漬小黃瓜更爽口。

鴨肉麵以蒸鴨原汁為底，湯頭豐郁，配菜韭菜花添香氣。

理鴨肉。先精選五斤重的現宰鴨隻，洗淨後蒸熟，再以包含二十六種香料的獨家配方浸泡入味，續以白糖燻製，直到冒出黑煙為止。每次煙燻僅限三隻，如此才能成就鴨皮金黃香脆、鴨肉鮮腴結實而不乾澀的口感。

他點了一道大拼盤，企圖一網打盡。有鴨胗、鴨舌、鴨腸、鴨頭和鴨後腿，盤中附上一碟沾醬和小黃瓜切片。先夾起一份鴨胗，口感細嫩，方便嚼吃，這是長時間煙燻之下，頗難得的火候控制得宜。鴨舌肥美，嚼起來彈牙。鴨頭則是飽含醬汁、酥嫩兼具，饞秀才花了些時間吸吮啃嚙。其餘鴨腸、後腿肉皆細嫩，煙燻入味，不沾醬已有自家風味，沾甜醬吃更有一番境界。特製的醃漬小黃瓜切片，店家暱稱「瓜瓜」，清脆酸甜，以此搭配主食、一干鴨肉料理皆甚得宜的台式開胃小菜。

也可以上禾日香小店，一嘗古法料理的滷肉飯。滷肉飯今日幾可稱作台灣的國飯，無人不愛，每飯必與。這小店的滷肉遵循古法調滷，每日精選豬肉手工切塊，切出肥六瘦四或肥七瘦三比例的肉條，在鍋中經久滷製，口感因而滑順不膩，鹹香動人。老客更喜在飯上覆蓋一顆荷包蛋，戳破後半熟的蛋黃汁液緩緩流出，與滷肉、滷汁、白飯混成獨特香氣統而食之，別具古風，美其名曰「太陽飯」。

這小店滷的亦是鴨蛋，一般人喜歡囫圇吞棗、完璧歸趙。饞秀才卻請老闆娘將蛋剖半，上頭淋些油膏或辣醬，再撒些蔥花。如此享用，綿密可口的蛋黃、脆嫩彈牙的蛋白與各色佐料鋪陳出不同層次的口感。

此時再上一盤滷大腸正好，與古味滷肉一樣，這大腸軟嫩而不油膩，不加任何作料沾醬便吃，最是本色味道。老闆娘發覺饞秀才口淡，隨端上一盤過鹽水撒油蔥的簡易燙青菜，是難得的清爽口味。

最後依據一位學長，世居塹城東郭、寄讀明志書院的癡相公耳語推薦，到家圓小館去。饞秀才獨自一人坐在古厝門腳，正對著鄭家吉利第老宅。點一份油亮噴香的羊肉炒飯，炒一盤輕脆爽口的青菜，再喝一海碗薑絲搭配清鮮生嫩的羊肉湯，享用一個人的「吉利第羊肉套餐」。這對文人而言真是個好口采，期望此次考試能夠吉利及第！

又據癡相公說，他們一群塹城文友，最愛訂席在這古厝天井裡，就著月光分享北郭園燒酒雞。因為這古厝之後，便是台灣五大名園之一、鄭家人於咸豐年間起造的北郭園了。實誠店家選用整隻烏骨雞，分量不小，切成大小恰當而又紮實的肉塊。其肉質細緻營養，皮滑肉嫩，久煮不柴，是極適合燒鍋、燉品的雞種。燒酒雞肉本身並無過多酒氣，不喜酒味的文友總是沾著椒鹽同吃，別有意趣。這不摻一滴湯水、全程使用米酒燉煮又加入枸杞勾引甜味的燒酒雞，帶著雞的油脂和濃濃米酒噴香，湯頭甘甜而滑順、濃郁而不嗆口，許多人銜著這股獨特肉香、酒香、藥香的香頭，一氣連乾數碗。

飯後癡相公引領一群紅著臉的文人，穿過題額「由斯道」的宅門，在這三百年庄頭裡挑燈夜遊，尋幽訪勝，其樂也融融。說得饞秀才好生羨慕，恨不能生於斯長於斯安樂於斯。

舊城坊里必多老祠堂。泉州惠安羅氏於清代遷台，定居塹城北郭後籌建宗祠，極盛時達五座之多。至今香火繚繞，祭祀不絕。祠堂內可見堂號、郡望、祖先牌位等，建築古樸雅致，比例合宜。院落二重，古井一口，日頭斜照，只三五麻雀啾啾聲。拱宸門下聽說還有另一處占地寬廣的葉氏大宗祠。

秀才懷抱虔誠，踅回北壇的水田福地參拜。此壇相傳為康熙古廟，鄰近鄭家的書房小蝸居，是鄭夫子兄弟舊遊之地，至今可見鄭用錫手題的廟聯。秀才賞玩再三，心領神會，一抬眼便是塹城大名鼎鼎的鄭氏家廟與進士第、吉利第等鄭家聚落了。

北門鄭氏乾隆年間自金門遷來，家廟集結八房為祭祀公業，每年上元、冬至家祭。

鄭家科名鼎盛，經商成功，更熱心於城市建設與公共事務，後代子孫不乏市長、醫生、教授等社會中堅，且歷任都城隍廟管理人，不愧為竹塹城第一世家。

每年都城隍爺中元普渡、巡香遶境時，例必到鄭氏家廟休息歇腳、喝碗甜滋滋的燕窩湯，稱為「鄭厝供燕」。秀才憶起癡相公曾說，深願本庄有一小店，專營這清甜甘腴的燕窩湯。使得本城人民，時時得以分享新竹都城隍曹老爺的唾餘恩澤。

漫行長和宮：意麵、炸粿、素食

沿著鄭家聚落前行，至拱宸門前便見到「外媽祖」長和宮了，「外媽祖」係相對於城內西門的「內媽祖」而言，一如竹塹城有「外公館」鄭家與「內公館」林家的對比。前殿長和宮拜海神天后媽祖娘娘，後殿竹安寺主祀觀音菩薩，偏殿水仙宮奉祀水仙尊王夏帝大禹及文昌帝君，成為儒釋道三教合一的信仰中心，正處在竹塹鯉魚龍脈的風水大穴——魚尾穴上。

相對於西門內天后宮的「外媽祖」長和宮，位處在竹塹鯉魚龍脈的魚尾穴上。

外媽祖宮口轉角處，見一二麵食小店：竹山意麵與明和麵店，饞秀才因而想起幾則吃麵的趣事。

麵條古稱「湯餅」。《世說新語》裡提到哲學家何晏美姿儀，面如敷粉，是位偶像級大帥哥。魏文帝（皇帝兼文學家曹丕）懷疑他是偷抹了高級化妝品，於是選定夏日午後，御賜一碗熱湯餅，特命當場吃完，好出出他的洋相。不想何晏吃得大汗淋漓，「色轉皎然」，反而更加光潤白淨，證明他天生麗質，不是抹飾後虛矯的帥。原來吃麵也能吃出佳話。

北宋末年，金兵攻陷汴京，擄走徽、欽二帝去畢業旅行（學名「北狩」），也就是強迫趙官兒一家親戚老小組成旅行團，到寒冷的北方去遊覽。包吃、包住、免服務費，但不附回程票）之後，大量中原的文武官員、士族百姓逃難遷徙南方，北方的麵食傳統隨之傳入，因地制宜，結合、調整了當地原有作法與原料（米、玉米、其他穀物），產生了廣義的南方麵系（黃麵、油麵、意麵、米粉、河粉等）。

竹山使用台灣傳統的意麵。這種麵食本自福州引進，以高筋麵粉加入蛋白取代水分製成，據說揉麵時需特別出力，師傅不免發出「噫」、「噫」之聲，故稱「意麵」（亦可能源自廣東的伊府麵，簡稱「伊麵」）。意麵因此獨具特殊之咬勁，店家再拌入自家提煉的豬油，使得麵條格外香醇滑口，滋味悠長。佐以竹塹特產的香彈貢丸，尤其相得益彰，最見在地風味。正值用餐時分，排隊的人龍格外引發饞秀才的食慾。

明和麵店卻是極平凡普通的常民風光。常見的台灣油麵，數莖燙豆芽菜及油蔥提味，與店家自調的黑褐色甜麵醬拌而食之。簡單的調理，獲得簡單的風味。小店所有食品皆平價可喜，乾麵、炊粉、粄條、粉腸、炸（紅糟）肉等，皆在二、三十元之譜。老闆自稱多年受媽祖娘娘庇佑，且曾托夢指示「不得漲價」，於是藉此修行度人、回饋社會。具可謂是「腳店

咬勁適中的意麵麵條，拌入自家提煉豬油，風味香醇悠長。

家常餛飩湯，配飯或佐麵皆得宜。

停放在街角的醬菜攤車，是長和宮前的一景。

中的無上正覺」。

繞到外媽祖另一側的城北街，街頭有百年小店北門炸粿。這老店已然傳承四、五代，所賣食物多以當令食材裹上一層粉漿後入鍋炸就，如蚵嗲、肉嗲，如炸蒜頭、芋頭片、地瓜片，又或不裹漿的芋頭糕、蘿蔔糕。午後經過，忍不住點上三兩碟炸食，外焦裡嫩，油香四溢。塹城童謠唱著：「蚵鎚蔥管炸（音ㄐㄧˇ），聞著香濟濟（音ㄍㄧˋ）」最是傳神不過。

據說「蚵嗲」這種古老的炸食傳統始於唐宋，其時稱為「油鎚」、

「焦鎚」，多於上元（元宵節）享用。宋朝的《膳夫錄》已有記載：「汴中節食，上元油鎚。」《歲時雜記》稱：「宋代上元食焦鎚最盛且久。」孟元老的《東京夢華錄》則稱作「拍頭焦」。也有一說「焦鎚」又名「油骨鎚」，類似今日的炸湯圓、炸元宵，而同時記載的豆糰、麻糰、歡喜糰也都是類似作法，只內餡各有不同罷了。總之，這種裹上餡料（甜如焦鎚、糰子，鹹如餶飿、蚵鎚）入油鍋炸製的食物，乃是流傳千年的古風料理。

外媽祖宮口還有間香積食堂，其素食清香可喜，別具特色。蔬香麵的中藥湯頭清爽甘甜，枸杞引出蔬菜自然清氣。四川擔擔麵香辣芬芳，夾帶濃郁的芝麻、花生醬味。更有作工

「北門炸粿」以當令食材裹粉漿入鍋油炸，外焦裡嫩，香氣傳遠。

細膩、來自彰化齋堂傳統的菜捲、紅麴米糕。饞秀才愛其煙燻滷味，尤愛那以文火熬製兩日、收汁一日的精工豆干，此物層次分明而耐嚼，醬香充足而多汁，因而戲封為「金長和外媽祖豆干」。

同為遠赴塹城求學的外地青年，多年前秀才與店東便相談甚歡。遷居竹塹城，還習慣嗎？當時店東想了想，尷尬地笑道：「真不知為何竹塹的廟會那麼多、那麼多！」

崙子庄：刈包、四神湯、餛飩湯、滷肉飯、海鮮料理

長和宮左側有小路名愛文街。此路有古隘門一座，另有一出城便門，「愛文」即閩南語「隘門」之諧音。循老街三拐兩拐過受天宮牌樓，便見「謝家燈籠」。舊時王謝堂前燕，飛入尋常百姓家。燈籠、南管、掌故，崙子謝家是竹塹城常民文化積累至最深厚處。

先說燈籠。謝家於道光年間從泉州同安遷來竹塹崙子庄大菜園，自第一代謝禮開始，

歷代皆以製燈為本業，專供寺廟宮觀、祠堂家用。謝家燈籠堅守傳統製作，手藝精湛，風行淡水廳數百年，竹塹謝家乃成為北台灣唯一古傳燈籠世家。第四代謝旺（人稱旺仙）集燈籠、武術與南管一身絕藝，第五代謝水木以技藝純熟、精益求精，屢獲大獎榮銜。謝家燈籠已傳承至第六代。

次說南管。南管又名弦管、南音、南樂、南曲，起源眾說紛紜。其樂曲形式及演奏速度，至今保有唐宋大曲遺風。泉州歷來為海上絲路的起點，宋元時代世界第一大商港，因成為唐宋古文化的南方輻射中心。南管唱曲以接近中原古音的泉州話為正音，特稱「泉州南音」。

自清代以降，泉州移民為主的塹城人士始終好此雅音。謝家第四代旺仙尤其稟賦過人，是精通南北管藝術的通才藝師。第五代謝家長子水木長於清唱、下四管。次子水鏡擅琵琶與樂曲理論，晚年尤熱衷於南管教育。三子水森熟習曲藝，主辦過新竹唯一一次全國南樂演奏大會，更著力於史料文獻的保存。至今「崇孟社」的旗牌、樂器、曲譜等珍貴資料，仍完整保存於崙寸謝家。

三說掌故。旺仙三子謝水森一生涵泳時事，加以嫻熟掌故、記憶力過人，退休後陸續出版多部專書，遍及新竹史實、醫療、民生、沿革、戲曲、民俗、技藝、歲時、娛樂等方面，論述之廣為塹城耆老文史之最。

東郭癡相公乃推尊謝水森為「竹塹城的孟元老」。孟元老即前引《東京夢華錄》作者，元老亦可作長者尊稱。

拜訪崙子謝家，聽了滿腦子典故，喝了一肚子茶水。出得門來，饞秀才感到前所未有的空虛與飢餓。便踅過牌樓，來尋本庄美食。

忽見街邊一小店名納味，來來往往煞是人多。人人手上，皆拿著香噴噴、熱騰騰、似包子不是包子、似燒餅不是燒餅的吃食大嚼特嚼。定睛一瞧，乃老相識「虎咬豬」是也。此

「虎咬豬」裡，五花肉與酸菜、香菜、花生粉等餡料百味競呈。

平民版四神湯，用料甚實，酒香味淡而不嗆鼻。

物原稱「刈包」，「刈」字音同「亦」，割開之意，故又稱「割包」。鄉里閩音，便讀作「掛包」，俗稱「虎咬豬」。白麵刈包蒸好之後，形似張大欲噬的虎口，裡面塞滿了豬五花，鄉人乃約定俗成這個十分趣味形象化的稱號。郊商辦尾牙時必有此菜，因為刈包像煞錢包，可填塞眾多物件，象徵來年錢包日進斗金、豐收飽滿。這小店的刈包夾有肥瘦參半、十足軟爛的五花肉，淋入醬香味濃的滷汁，再加入醃漬酸菜和香氣迷人的香菜與花生粉。大口咬下虎咬豬，百味競呈，饞秀才十分得意。一邊聽著老客要求五花肉挑肥揀瘦，一邊點了四神湯自吃自喝。

四神湯原名「四臣湯」，以淮山、芡實、蓮子、茯苓四味中藥為四臣，加入豬肚或豬小腸為藥引，煮成藥膳湯食。鄉里店家為改善藥味並節省成本、增加口感，多以薏仁來取代茯苓或四臣，再加入米酒提香，燉煮出平民版的四神湯。這小店的四神湯有薏仁、山藥、豬腸、豬肚，料好實在，酒香味淡而不嗆鼻，正是搭配刈包的絕佳組合。身為資深饕客，饞秀才知道服食四臣可以強健脾胃、固腎補肺兼養心安神，加入豬肚或豬小腸一起烹煮，更有幫助消化的良效。這真是太重要了，若不盡速消化，如何趕赴下一場美食盛宴呢？

癡相公曾經耳提面命，若在北郭散步覓食，錯過一些美食在所難免。不怕！上鬍鬚李那兒去，多半能找補回來。這不，饞秀才一進店門，先點了之前在竹山、禾日香皆錯過的餛飩湯來。本庄腳店多可吃到餛飩湯，台灣的餛飩亦稱「扁食」，屢經改良，終於走上小巧精緻路線。豬肉約取肥一瘦四比例，調入油鹽作料，抄入薄如宣紙的麵皮內，就手一捏便與一隻金魚大小相似。這店家的餛飩餡料調製得一「鮮」字，加以大骨熬製的高湯，上些新鮮芹菜段，撒上白胡椒粉，味道鮮美異常。

店東蓄有短白鬍鬚，店家娘子嗓門響亮，看來活力充沛。饞秀才口嘗美食，耳聽兩夫婦鬥嘴掌杓，頗有些庶民生活尋常意趣。小店的滷肉飯亦有名，香滷肥肉入口即化，佐以醃黃蘿蔔，看來十分誘人。但饞秀才還是先點了之前錯過的香菇貢丸米粉，淡淡的香菇湯頭、微帶嚼勁的貢丸和清香爽口的新竹米粉，組合成絕佳的竹塹風味。

老客喜歡搭配風味小菜，如燙花枝或豬頭肉、骨仔肉，塹城人尤愛粉沓和炸肉這兩樣在地特有的簡單美食。今天運氣不錯，炸肉剛剛出爐。塹城人喜將醃製後的紅糟肉下鍋油炸，外皮酥脆可口，肥肉不膩而瘦肉有油香，沾上店家所附細切薑絲與蒜蓉醬，極是對味。饞秀才還知道粉沓是竹塹地區流傳的族群融合美食，獨特的口感沾上金桔醬或香蒜醬油，風味絕倫。

癡相公預約了饞秀才參加下次文會，一起到觀海門邊去吃竹樂食堂。這可是每日選用竹塹港捕撈的新鮮海產，調理出傳統風味的海味老店啊。一定要吃老牌蚵仔煎，將新鮮蚵仔裹以調製粉漿，加極大量蔥花下鍋油煎，煎出麵糊焦香、青蔥生香與蚵仔的海鮮味，沾甜辣醬吃來十分過癮。癡相公扳起指頭如數家珍那一道道塹城海味：炸銀魚、炊伍魚，蔥爆大蝦、紅燒魚皮、炒海瓜子、杏菜鮊魚、鮮魚味噌湯……，最後還非得趁著時令，上一道鮮甜味美的春筍蝦丸湯。饞秀才恨不得火速結束這場考試赴約。

塹城的美好時代

北郭既有塹郊會館，自然而然亦成為戲曲中心。長和宮側廡殿，即是長供戲曲祖師西秦王爺之所。昔年會館絃歌不輟，南管北管，清唱雅奏，幾乎無日無之。

癡相公童年曾在此連日觀賞泉州傀儡（又稱「嘉禮」）劇團的拿手好戲：《白蛇傳》

的〈水漫金山〉、《西遊記》的〈花果山〉、〈八戒娶親〉。搬演戲偶當真刻畫入微，形神兼具，令他樂而忘返，三日不知肉味。

數百年來崙子庄曾先後有「似古今」、「新雙福」、「五福樓」、「景春園」、「新竹園」與「天然閣」等布袋戲班及眾多無名匠師世居於此，可謂傳統戲曲與竹塹城的「美好時代」（Belle Époche）。會館，腳店，寺院。廟會，劇曲，戲班子。這崙子庄處處流露宋代「勾欄瓦舍」的常民風情與趣味，要說也還真有些像癡相公寄寓過的北京城南。

北郭一帶巷弄縱橫，往往細如阡陌，又複雜如破碎蛛網，幾無理路可尋。散步其間，每於無路想回頭處又生一路，可得古城逍遙之真趣也。有通衢大道，有羊腸小徑，有出城便道，有屋後防火巷。通往菜園、花圃、隙間、廢地，又經過老宅無數、寺廟無數、祠堂無數，和想當然爾的美食無數。

饞秀才在塹城巷弄裡閒散漫步，鑑古思今幾番逍遙，覺得自己腳力甚長，食趣永存，在美食中尋味訪勝似乎才是自己一生職志所在。神思不免穿越時空，到現代世界去開開洋葷。既可選擇年輕人愛去的**滿美吐司部**，又可以吃御廚的雲南泰國菜，或許也能品嘗到傳說中的**延平大飯店**，及長和宮前黃昏才出現的**無名醬菜攤車**，更可以到**鍋子**或**儷舍**

去吃吃早午餐，坐在咖啡館裡追憶自己的塹城夢華，翻翻飲食筆記，構思下一輪的北郭食單，甚至是竹塹城的美食地圖……，哎呀呀，何等幸福的美好時光！

那一年，饞秀才錯過了淡水廳學的考試。

塹城夢華散步地圖

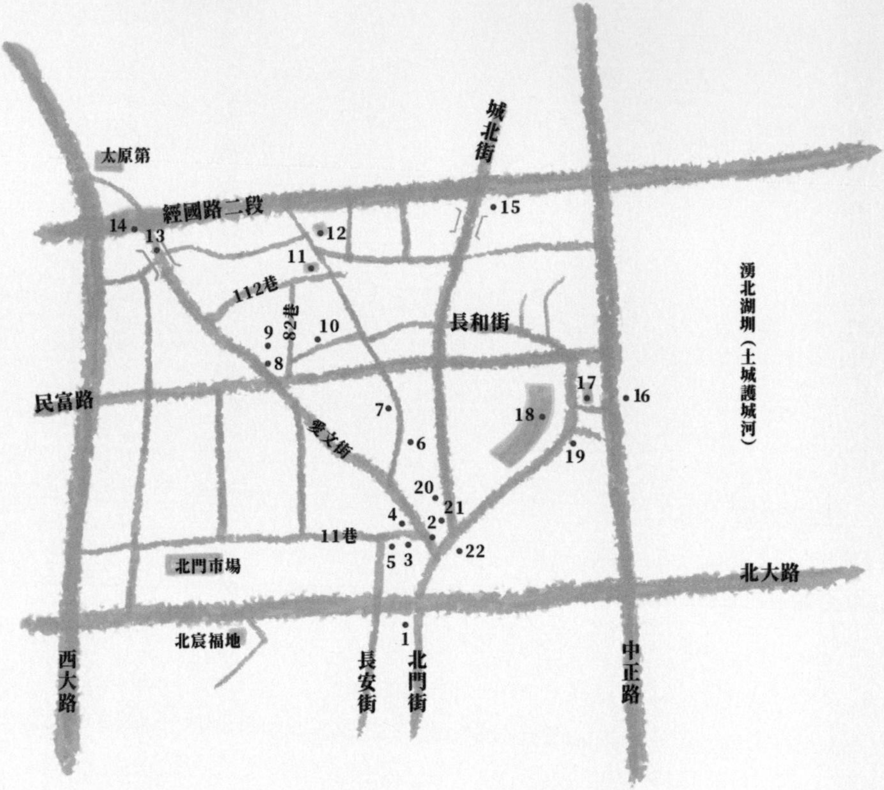

太原第
經國路二段
城北街
長和街
112巷
82巷
民富路
愛文街
11巷
北門市場
北宸福地
北大路
西大路
長安街
北門街
中正路
湧北湖圳（土城護城河）

1. 拱宸門遺址（石城北門，騎樓有說明牌）
2. 長和宮（三大廟、塹郊會館、西秦王爺）
3. 明和麵店
4. 竹山意麵
5. 古法燈籠
6. 羅氏祖祠
7. 隘門巷（愛文街 26 巷）
8. 謝家燈籠
9. 受天宮
10. 糊紙巷
11. 聖媽廟
12. 長和福地
13. 觀海門遺址（土城小西門）
14. 刣牛橋
15. 天樞門遺址（土城小北門）
16. 鴨肉許
17. 水田福地
18. 鄭氏家廟
19. 家圓燒酒雞（北郭園遺址）
20. 北門炸粿
21. 長和宮復刻碑林
22. 香積食堂

尋味備忘錄

承恩門

高家冬瓜茶／中正路 234 號／ 03-5239402

現煮廣東粥／中正路 215 號／ 03-5260438

東東養生粥／中正路 219 號／ 03-5239402

源味燉品屋／中正路 217 號／ 03-5251361

古早味燉品屋／中正路 240 號

廟口鴨香飯／中正路 258 號／ 03-5259298

北郭園

鴨肉許／中正路 212 號／ 03-5253290

禾日香滷肉飯／北門街 151 號／ 03-5229550

家圓燒酒雞／北門街 220 號／ 03-5238798

外媽祖

竹山意麵／愛文街 13 號

明和麵店／愛文街 5 號／ 0921-978981

北門炸粿／城北街 15 號／ 03-5220471

香積食堂／北門街 164 號／ 03-5223356

崙子庄

納味飲食店／民富街 154 號／ 03-5231559

鬍鬚李／西大路 531 號／ 03-5252366

竹樂食堂／西大路 690 號／ 03-5340996

拾遺

滿美吐司部／北門街 208 號／ 03-5236610

御廚雲泰美食／民富街 49 號／ 03-5278832

延平大飯店／延平路一段（10 元商店旁）／ 03-5221026

無名醬菜攤車／長和宮鴻安堂藥房前，每日黃昏五點半後營業

鍋子咖啡／民富街 194 號／ 03-5237773

儷舍咖啡／民富街 188 號／ 03-5261805

從舊時糖廠到今日甜點店鋪林立，新竹東區街頭自成風景。

甜蜜的圓心——新竹糖廠周邊

不難想像，日本在大政奉還、甲午戰勝之後，亟欲追趕時代、與西方列強平起平坐的決心。這表現在傾力西化的「明治維新」，及隨之而來的「大正浪漫」、「昭和摩登」上，表現在帝國對殖民地台灣一系列的現代性實驗上，也表現在新竹市東門、東郭地區日人現代化示範區的建設上。尤為形象化者，是將竹塹舊城的迎曦門，重新規劃為歐洲式輻射街道的東門圓環。

明治三十八年（一九〇五）起，經歷數次「街區

各色經典糕餅甜食，總是誘人垂涎。

改正」的縝密規劃後，殖民政府進行新竹城的「市政東移」。將包括州廳、法院、警察局、林務局、市役所、郡役所、專賣局的行政區，包括小學校、女學校、中學校、工業學校、州立圖書館的教育區，包括新竹驛、有樂館、東門市場的生活區，及包括州知事官邸、市尹官邸、文官宿舍、中學校長及教職員宿舍、製糖所宿舍的宿舍區等現代化設施，漸次布置在東門（榮町、東門町）與東郭田心庄一帶（旭町、錦町、田町），這是新竹州廳的大建設時代。

相對於竹塹舊城區（北門、北郭、崙子、西門、南勢、南門）而言，東門、東郭地區特為大和之風吹拂，充滿東洋時代氣息。

大正元年（一九一二）在新竹東郭錦町、田町一帶設立「帝國製糖株式會社新竹製糖所」，設有五分車鐵道網，分為竹東、湖口、香山南勢等線，收集大新竹郊區甘蔗加工製糖，作為民生用品，二戰時更提供南洋軍事補給，城人簡稱為「糖廠」。加上先後成立於田町的「農事實驗場」及錦町的「總督府食糧局新竹事務所」，東郭乃成為新竹城糖米豐足之境。

光復後民國四十一年廢日本糖廠，改設美商氰胺公司。民國九十二年創立「風城購物中心」，號稱東南亞最大。糖廠設立百年後的二〇一二年，原址成立「遠東巨城購物中心」。

或許因為此地的糖分、養分與時代氣息，百年來吸引無數細點、甜食、飲品、零食聚集於周邊，新竹糖廠逐漸蛻變為東西文化交匯、甜蜜蜜的圓心。

大正浪漫的國民洋食

東門、東郭地區的現代化，為新竹人打開了世界的窗口，似乎也同時打開了世界化細點甜食的胃口。日據時代流行起的咖啡店、喫茶店和西洋糕餅鋪多設在榮町、表町及東門町一帶。而這股結合了東洋與西洋浪漫主義，主張個性解放，呼應新時代文藝氛圍與生命美學的「大正浪漫」，流風吹拂到此，又分為東洋風與西洋風。

東洋風隨著殖民政權，曾經深刻地影響台灣人，於今尤烈。特別是文化交融後的和漢料理，可以跟隨著本書〈藝妓的身影〉一窺究竟。而在台的日本料理畢竟是個龐大複雜的流行現象，因此這裡不談日本職人的和果子店歲時亭，不談在台日人開設的和食料亭，更不消說那隨處可見、鋪天蓋地的拉麵連鎖體系了。

說西洋風。自打明治時代的「鹿鳴館」以西洋料理宴請外賓開始，「西洋料理」便專指法、英、德等西歐國家的飲食，其味道、服務乃至餐具皆特別強調歐洲血統。「洋食」卻與「西洋料理」不同。簡單地說，洋食即日本胃消納西洋料理之後演變的在地化食品。號稱「三大洋食」的豬排飯、可樂餅和咖哩飯，在明治晚期到大正初期時，漸次成為城市中的大眾化美食。

今日要從飲食上體會「大正浪漫」，當從糖廠同一條路上、不遠處的浪漫：日本東京之味開始。這裡營造了道地日式店家的氣氛，除日文漫畫、雜誌之外，還有日本衛星電視可看。自然更提供完整的日式料理菜單，你想得到的拉麵、牛蒡絲、玉子燒、生魚片、味噌湯、馬鈴薯沙拉，甚至親子丼等各式丼飯，海鮮、蝦子、花枝、豬肉等各式炒烏龍麵這兒都有；你不常想到的炸蝦、炸牡蠣、漢堡肉、蕎麥麵、唐揚雞塊、炸蔬菜肉捲或者日式鍋貼也吃得著。

但這些皆偏離主題了，還是該以我戲稱的「大正浪漫洋食套餐」為起點。說穿了不足為奇，所謂套餐，不過是香嫩豬排咖哩飯定食加份可樂餅罷了。

明治維新後的日本海軍編制，完全襲自英國海軍。英軍菜單上有源自印度的咖哩，日本人也一併打包帶走。反諷的是，日人誤認咖哩為西洋開化國家的文明食物。同時政府大力鼓吹食用獸肉，進而研發出炸豬排這道菜。要遷就國民不慣刀叉、愛用筷子的習慣，先將豬排厚片下鍋油炸，切片後再搭配高麗菜絲入口，並選用與味噌、米飯皆能對味的醬汁。種種努力皆為了改善國民體魄，誘使大日本的味蕾轉向「洋食」。

該店定食提供兩片炸豬排，使用豬里肌肉夾入蒜頭切片，裹上層層麵衣後入鍋。色澤金黃、蓬鬆酥脆的外皮，軟嫩含汁的肉排內裡，加上清爽新鮮的高麗菜絲，一口咬下層次分明，確實十分誘人。淋上香醇濕潤並帶有蔬果甘甜味的關東豬肉咖哩，濃郁的醬汁裡添入當初自美國引進北海道的食物：洋蔥、馬鈴薯和胡蘿蔔丁，造就了這一道風味獨特的日本國民洋食。

可樂餅源自法國料理中的炸肉餅（croquette），這以魚肉、雞肉等絞肉混合的油炸美食，隨著法國文明席捲全歐。奶油風味的可樂餅於明治時代傳入，至大正時期開始添加種類繁多的在地配料，如絞肉、海鮮、洋蔥、蔬菜、咖哩、螃蟹肉等，漸次發展為日本的洋食風格。

如今調理這可樂餅，先將馬鈴薯泥與配料混合揉成圓餅，沾少許麵粉後刷上蛋汁，再裹上麵包糠入油鍋烹炸。我點的起司可樂餅，起鍋後淋上辣醬油咬下，熱騰騰香濃起司仿若岩漿在口中爆發流淌，頗能感受當初日本積極西化、脫亞入歐的那股熱勁。

洋風吹拂的日系午茶

吃過套餐，不妨穿過中央公園，到對面去別尋另一番大正浪漫。好日是結合輕食、手作、雜貨不同主題的日系鄉村雜貨小鋪。

咖哩酥炸豬排與可樂餅，已發展成為日本國民洋食。

你當然可以隨俗點一份下午茶，過上一段所謂小確幸的時光。當那日式蔬菜起司三明治送上來時，你發現這擺盤頗有日本式的洋食講究：三明治底下襯著細緻的蕾絲餐巾紙，墊在下頭的還是彷彿書本的木質墊子（側標還印著書名：Romeo & Julienne ？）土司上分布均勻微焦的烤痕，內餡夾著是滿溢的新鮮生菜、濃郁起司和馬鈴薯沙拉，想像那焦脆、清爽、順口兼而有之的複雜口感。

你當然也可以點份鬆餅、沙拉加水果奶酪的組合，附上一杯英式紅茶，順手拈起手工小餅乾，談笑間彷彿蘇格蘭高地出身的貴族。特別是你要求鬆餅外表薄脆，口感鬆軟，掌廚者必須小心拿捏烤製的火候，店內一時瀰漫著奶油的香氣，教人陶醉。

但是且住！當你用心觀察，發現這裡好些巧工藤編的帽子與提籃、好些自成一格的和式洋裝、好些衣物上的花草動物紡織圖案，皆適合穿戴在《紅豬》裡的吉娜身上、在《心之谷》和《來自紅花坂》的少女身上，或者《霍爾的移動城堡》的老嫗身上。陳設好些細緻的西洋和風骨瓷，好些陶器、拼布、包包、布偶與書籍，更有好些手作小物、皮革錢包、木頭雕刻與珍奇收藏，即使《魔女宅急便》中的琪琪與小黑貓突然現身，你也絲毫不覺訝異。甚至是牆上《兒時的點點滴滴》的海報，在在提醒你一個主題：宮崎駿卡通。或許可就此尋找大正浪漫的餘緒。

從早期改編世界兒童經典故事，到吉卜力時代自立門戶，宮崎駿專注創造出一個個充滿冒險、浪漫、傳說、追尋自我的奇幻世界。主旋律大多是和平主義、女權運動、自由、飛行、覺醒以及人與自然的和平共存。人物的生活世界形式，包括服飾、器物、食品、房屋、市鎮與街肆等，則常見西洋風格或和洋混合，甚至是「和魂洋才」的呈現。

宮崎駿的收山之作《風起》，在我看來最富「大正浪漫」精神。主人翁崛越二郎（一九〇三—一九八二，大正時代一九一二—一九二五年正是他的青春期）從小的夢想，便是製造出功能卓越的飛行器，堪與洋人（夢中的義大利飛行大師卡普羅尼 Capuroni）比翼齊飛，甚至超越世界水平。

經歷多次改良實驗之後，終於艱辛地完成夢想。（然而他所研發的零式戰鬥機，成為日本在二戰中侵略攻伐的殺人利器。確實十分反諷。）支持著崛越二郎大正浪漫信念的，是他在片中以東瀛口音反覆吟誦法國詩人梵樂希（Paul Valeri, 1871-1945）的詩句：「風起了，唯有努力試著生存下去！」

今日。風起了，吾人應該致力於生活！

（Le vent se lève!...il faut tenter de vivre!）

精細的歐洲經典甜點

糖廠（今巨城百貨）的中央，幾年前進駐來自法國的百年歷史糕餅鋪PAUL（沒錯，這也是詩人梵樂希的名字）。

PAUL引以自豪的，除了百年傳承的培製酵母，烘焙出法國美食基礎的各色麵包，數不盡的長棍、長笛、巧巴達、可頌、小保羅、吐司、千層酥之外，更致力於法蘭西精緻飲食文明的代表——甜點，舉凡可娜麗、鬆餅、烤蘋果、各色閃電泡芙（Eclair），及各式水果塔（Tarte、Tartelette，紅莓、藍莓、檸檬、巧克力、覆盆子、奶酥、香草布蕾等）那是無一不精絕。

更有一種甜點最是作工考究。先將過篩兩次後、極精細的杏仁粉和純糖粉充分翻拌均勻，加入打發好的蛋白霜之中。再用平口圓花嘴擠出一個個大小均勻的圓形餅胚，靜置半小時待餅胚表面結皮，藉此形成蕾絲裙邊。最後以不同溫度、不同位置進烤箱烘烤三次。夾心層更加入各種天然甜蜜醬料如開心果、覆盆子、椰子、檸檬、焦糖太妃、巧克力或季節水果。

這繁複的調製過程，失敗率極高，稍有裂縫破損即行丟棄，如此才能造就一個色彩繽紛、口感細膩的杏仁小圓餅。其光滑細緻、微帶絲綢光澤的外表，才是法蘭西人口中「少女的酥胸」。這輕盈易碎、內餡甜美的甜點貴族是 **Macaron**，店家依法語發音譯作「馬卡紅」。

可在法國風 PAUL 吹拂之前，塹城乃至台灣人皆稱之為「馬卡龍」。這小圓餅的譯名與烘焙技術，光復後多數透過赴日取經的台廚之手傳入，於是馬卡龍如此五彩繽紛、理所當然地出現在日系西式烘焙店 **RT** 與**亞羅蔓洋菓子**，或在地經營的法式糕餅鋪**法芙嵐**的陳列架上。

只這馬卡龍價格不菲（更不消說原裝口味的馬卡紅了），於是早期台灣人捨棄昂貴原料及繁複作工，僅以土產麵粉加入香草、巧克力調味，簡單地烘烤仿製的小圓餅，並大量出現在本地西點麵包店與市場店肆之中。

這量產速成、偶有裂痕掉漆、仿如馬卡龍的台式小圓餅並無定名。塹城美乃斯稱作「小蛋酥」，台北的聖瑪莉稱作「小瑪莉」，明星稱作「淑女手指」。最妙的是迪化街的百年老店李亭香，可能以其外型而暱稱「牛粒」，順成蛋糕則雅稱作「小牛俐」，下方註記的英文道出此物來源：「Taiwan Macaron」。面對諸多命名，我且統一戲稱為「馬如龍」。

來自法國的馬卡龍，作工繁複考究，外表常如絲綢光滑細緻。

普遍出現在西點麵包店與市場的台式小圓餅。

從「馬如龍」到「馬卡龍」，再到「馬卡紅」，可以看見台灣人消納法蘭西甜點的歷程，反之亦然。

同時亦吹拂歐羅巴風。布魯茵咖啡熊（Bruin 原為荷蘭語咖啡色之意，又常為寓言故事中熊擬人化的名字）為早年新竹大咖啡館儷舍的餘緒，除了虹吸式手沖咖啡依舊香好味正、口感滑順外，亦曾保留一百元儷舍早餐的良好傳統，為早年老饕所津津樂道。如今這間英式早午餐咖啡館，由自稱「巫婆」的四姊妹一起經營，轉型為歐式烘焙坊。巫婆們結合在地食材，嘗試烤出各種魔法糕點：蘋果派、肉桂捲、椰子奶酥、蔥花麵包、波士頓派、西洋梨塔、黑森林蛋糕、鹽之花奶油捲……

馬克先生（Mr. Mark，已歇業）的德式手工五穀雜糧麵包亦曾風靡一時。而今在糖廠邊巷子裡，又新添一德籍師傅 Schäfer，延續這裡的日耳曼風情。

Schäfer 希弗德式烘焙坊承襲德國人嚴謹理性的民族性，堅持使用天然食材。比如其鮮奶油呈現自然的乳白色，不添加食用色素，因此口感厚實綿密、甜而不膩。選用當季天然熟成的水果（如草莓、藍莓、櫻桃、蘋果），乳酪不採用香氣濃郁的品種，淡淡的起司香氣方能恰到好處地烘托天然果香。

又出於手工精準的自我要求，其蛋糕如寶石製作般精雕細琢。切開藍莓奶油起司蛋糕，剖面藍莓點點分布就像鑲著藍寶石的裙邊。再看法式覆盆莓果塔，上頭密布的覆盆莓色彩紅潤、嬌豔欲滴，散發著紅寶石般誘人的光澤。搭配一杯天然的德國花草茶，閉上眼睛心神飛馳，真回到了黑森林中的天鵝城堡。我私心期望，若店家能撤換流行歌曲，代之以3B（三位德奧語系音樂家：巴哈、貝多芬與布拉姆斯）的音樂就更加美好了。

大江南北的傳統細點

民國三十八年國府遷台，大量軍公教人員、眷村移入新竹市東區（我家於此時遷入東郭），數十年來改變了本地居民結構，亦帶來中國各省口味，包括細點甜食傳統。

有珍悅坊，專賣港式飲茶點心。其豆沙芝麻球、鹹酥馬蹄條、芋香西米露、紅豆椰子糕、葡式嫩蛋塔、奶皇蘋果酥等甜點可是本色當行。這小店或許因為口味道地的緣故，一時竟成了附近大飯店廚師們午休時的私人廚房，來自國賓、煙波、天廚的都有。

廣式茶點種類繁多，花樣不斷翻新，最能見證中國南北山海食材、甚至是華洋食品的交流與創新。尤其鹹點特重沾醬，經過長時間的實驗與開發，不同食物搭配不同的沾醬，確實能夠達到提味、襯味的功效。且看醬料桌上店家的提示，蒜蓉醬適宜蘿蔔糕、魚煎餅、金錢韭菜餅；紅醋適宜蝦餃、牛肉餃、燒賣、湯餃；梅林醬適宜鮮蝦腐皮捲、三絲炸春捲；甜辣醬適宜魚煎餅、金錢韭菜餅。其他黃芥末、醬油及辣椒醬，則是根據個人喜好自行調配。

還回來說甜點。其葡式嫩蛋塔與速食店產品不同，皮薄餡嫩。蛋餡嫩而燙，散發出熱熱烘烘迷人香氣；外皮脆而薄，拿取時戰戰兢兢如提豆腐。此物微甜不膩，極稱職之茶食。西杏沙拉蝦，內餡是蝦仁、鳳梨與沙拉，酸中帶甜、清新爽滑，口感略似鳳梨蝦球而無其油膩。芋香西米露，微露芋頭天然香氣，並以一絲絲微硬的芋頭籤反襯出西米露的風采。

有時會選擇店家兩款小巧精緻的飲茶便當，附上一杯普洱，悠悠度過一個人的午後時光。

有點水樓，專營各色江浙菜餚細點。凡食材之來源、品質，食品之火候、刀工，菜色之設計、創新，無不精益求精、費心考究。甜點如杏仁豆腐，必堅持南杏、北杏之差異與比例調配。金棗蛋塔，需用來源清楚、宜蘭契作的金棗。黑糯米年糕，需用花蓮稀有的有機伊姿米。

且不說本店出了大名的各色小籠湯包，那鮮美的湯汁、清潤香腴的肉餡與薄韌透光的外皮，使你融化在自己口中的明媚春光細雨江南。且不說那酸甜兼具、酥脆綿密、道地蘇州口味的蘿蔔絲酥餅。且不說那用老母雞高湯與金華火腿作料，蒸出風味濃郁、綿軟鹹香的寧式蘿蔔糕。

在新竹的點水樓品味水鄉細點，應當選擇在地的東方美人茶。以其茶色澄澈有如琥珀，以其芳香馥郁解語解膩。

先上來四味口味細緻、清秀娟雅的盆菜。秀嫩的油燜筍，雨後清新的拌干絲，豐盈多汁的四喜烤麩，柔細甜膩的桂花芋頭，俱是小家碧玉風姿。可食雙面涼糕，半是椰奶半是紅豆，好個清香甜膩的雙面嬌娃。可食桂花拉糕，有似麻糬延展性強、長而不斷亦不黏牙，帶著淡淡桂花香氣，滋味特殊。

蘇式一口酥用料實在，棗泥內餡香甜帶有蛋香，外皮起酥油燥爽脆的口感極有層次。一口咬下，千層起酥。厚厚的軟酥蟹殼黃卻與此不同：外脆而內酥，蔥油內餡香味厚實，入口脆酥，風味獨特。這滋味新源市場附近的陸記亦做得好。

心太軟，將雞心紅棗去籽後實以麻糬內餡，底下襯以黑糖細冰。甘甜軟綿的紅棗夾帶著香濃有嚼勁的糯米，半邊熱火半邊涼，半是蜜糖半是傷，再冷硬世故的心也能軟化。桂花糖藕，現蒸保留蓮藕鮮嫩的口感，中空處填以糯米，需熬煮半小時以利入味，食用時再淋上桂花蜜，香氣迷人彷彿置身杭州的滿覺壠中、琦君筆下的桂花雨。赤豆鬆糕的豆沙內餡甜而不膩，紅綠相間的賣相極能挑起食欲，切片可見如同千層派的細緻紋理，而蒸煮出來卻是綿密濕潤、多重口味的香糯鬆糕。面相多元而不失女子香甜本色，無怪乎是永遠的蔣夫人心頭最愛。

吃著這些花紅柳綠的江南細點，一霎時彷彿吳儂軟語的阿朱阿碧姑娘，坐在你身邊言笑晏晏，手絹半掩著口兒進餐……

本土風味品牌馳名

塹城本土風味的細點甜食亦在此風生水起、應運而生。利利號五十年來專營各色肉類加工製品。舉凡各方風物如湖南臘肉、廣東香腸、膽肝、捆蹄、洋火腿，本地製品以豬肉為主、牛肉為次的肉乾、肉角、肉絲、肉紙等無不齊備。其甜點、零食特具在地氣息：豆干、蜜餞、牛肉辣梅、豬耳朵（餅乾），以及「大豬公」。說起這大豬公小有講究，乃是一種糖精染紅、撒上糖粉的合成魚粉大捲片。在那個齊心復國、物資缺乏的年代裡，因它有肉味而無肉價，深受彼時小朋友歡迎，成了同樂會、生日會的要角。

更有福源號花生醬，乃是大江南北、海外本地甜點零食的俱樂部。除了前總統馬先生最愛的花生醬，還延伸出系列食品：各種風味花生與花生糖。黑芝麻系列有芝麻醬、芝麻糖、芝麻條；餅乾自然少不了，有芋頭餅、辣脆餅、菜餔餅、洋芋餅；還有舊時稀有的薄片系列：大捲片、蒜片、杏仁片、辣鮭魚片、五香蒟蒻片等；再有蜜汁腰果、夏威夷豆、蔓越莓、翠果子、綜合乾燥蔬菜、鮮奶棒、卡哩卡哩、小麻花、薑糖……，其他糖果雜項類的不計其數。貨架上可謂琳瑯滿目，著實讓風城的小螞蟻們心饞口饞。

要說招牌食品，還得數花生醬。本店選用顆粒飽滿、香氣濃厚的在地花生，用料實在，風味醇厚。如今台北眾多碳烤吐司名店，皆爭相標榜選用正牌正味的福源花生醬，花生厚片一時身價百倍。風城孩子得近水樓台的地利之便，從小吃得司空見慣，遂自行創造出各種花生醬食譜。拿花生醬沾或夾吐司、饅頭、燒餅已不稀奇，同學間有夾孔雀餅乾或營養口糧的，還有擠入蛋捲裡的，沾乖乖沾番茄沾水煮蛋沾蘋果麵包等等不一而足。空軍眷村的媽媽們最厲害，麻醬麵或雙醬麵必用福源花生醬加上成比例的芝麻醬，調製日常沙拉或美式螞蟻

風城第一家西點麵包店「美乃斯」，歷來經過無數次口味調合。

「福源號花生醬」是甜點零食的俱樂部，尤以花生醬馳名。

上樹，一樣少不了花生醬。

以女神維納斯為店名的美乃斯，店東承襲日據時代師父的糕點手藝，是光復後新竹第一間綜合西點麵包店。因此店中的各式蛋塔、吐司、菠蘿麵包與戚風蛋糕，多是口感鬆軟的台式調和風味。店裡的香草波蘿滋味清淡樸素，鹹奶油菠蘿奶香十足而不膩口，核桃菠蘿在酥脆的外皮上散發奇妙核果香，吃來頗為順口。戚風蛋糕綿密得入口即化，微甜之中帶有淡淡的乳酪香氣。

本店後來經營美軍委託行事務，開始接觸外籍人士與飛官夫人，因而激發出富時代氣息的產物，意外成為經久不衰的明星商品。好比法式長棍麵包，源起於空軍基地的外籍顧問思鄉情重，便自行提供麵粉與記憶中的技術，與店家聯手研發而成。新開發出的麵包外皮紮實而內裡層次分明，口感鬆軟，伴隨著鹹甜兼具的調和風味，已經迥異於傳統法國麵包的硬實麥香，只好稱作台式法國麵包了。

此店另一招牌產品，竟是「南京桂花鹽水鴨」。除了賣蛋糕麵包，為何兼賣起雞腿、滷味乃至桂花鹽水鴨呢？這是個無心插柳的結果。客家老闆回憶道：「當年一位飛官太太，引進美國飼養肉雞的技術，又教我用胡椒粉、五香粉、米酒調味做烤全雞的方法。

幾經改良，決定專賣烤雞腿。」「又一日遇到法院推事夫人，她懷念南京家鄉味『桂花鹽水鴨』，在台灣卻無處可買，於是我向她學習道地作法。」先精選五斤重的鴨身抹鹽，浸置於桂花醬、薑片、甘草片，八角、胡椒等香料熬煮而成的醬汁裡，蒸煮後放涼，便是桂香迷人、肉嫩好吃的南京鹽水鴨了。剩下的湯汁醃料，就是滷味醬汁來源，滷出豆干、花干、素雞、百頁、滷蛋、鴨肝以及嫩豆腐等，吃來帶有淡淡八角香氣，成了另一道招牌。

如此風物，意外地呼應了新竹鴨肉料理的傳統，又加以改良發揚。**美乃斯**不但深富時代氣息，各種食品更因此烙上不同城市的生活記憶。

隔壁的**新竹牧場**可算得另一處中外食品的台味實驗廚房了。此店原址為日據末期、光復初期的愛樂夢酒家。民國四十五年以來，除本業的西點麵包外，又陸續開發出台式、港式、日式及美式風味的各色

南京桂花鹽水鴨意外成為「美乃斯」一項風行多年的招牌。

食品料理，菜單品類近千種，以因應風城人與時俱進、終年不斷的各項活動。

見微知著，僅觀察一個小小的會議餐盒便可知曉。其中包括港式滷味的鳳爪、豆干和海帶、台式的肉鬆起酥麵包、南洋口味的椰子塔、日式蜂蜜蛋糕以及在地名產小竹塹餅。千里來龍，在此結穴。無論來自世界任何一處的細點甜食，最終皆可消納於新竹人的胃中。帶著如此魔幻美味的潘朵拉食盒到動物園遠足，成為許多風城兒童美好的回憶。

小墊子是一棟老式建築，空間中瀰漫混搭的復古懷舊風情，自有一種老派的台式浪漫。老闆阿寬原是清大電機系畢業的園區工程師，他在二樓開設私人廚房，每日依採購新鮮食材來決定菜單。一樓的咖啡廳則堅持不跟風做輕食、鹹食或早午餐等餐點，甜點可說是小墊子咖啡的靈魂。

每天早上現烤出爐各色戚風蛋糕，有原味、抹茶、巧克力和伯爵茶口味。這裡的戚風蛋糕口感鬆軟而不乾澀，蛋糕體濕潤卻富有彈性。中間或是一層香濃的抹茶鮮奶油夾餡；或淋上淡黃色的英式奶油醬、或淋上特製的蛋奶巧克力醬；上頭或點綴著草莓、藍莓，或裝飾著西瓜、糖霜小花，或覆蓋著一層鮮奶油；或搭配餅乾、巧克力、杏仁角，豐富了戚風蛋糕的層次。

更不說那不定期供應的磅蛋糕、起司蛋糕、巧克力派、卡士達可頌、司康烤布蕾、珍珠糖司康、焦糖抹茶塔、冰淇淋布朗尼和員工戲稱「榨汁榨到哭」的檸檬蛋糕……。在品賞眾多糖霜甜點蛋糕水果之餘，很少人注意到櫃上的新竹文化刊物《貢丸湯》，和櫃中那一落店主珍藏的啟蒙書籍《新潮文庫》。

潛園、歌德、胡適、康德，武營頭、史懷哲、竹塹社、伏爾泰，四百甲圳、居禮夫人、淡水廳志、文藝復興……，時代的浪頭一波接一波地迎面襲來，如果真有所謂的台灣時代浪漫，生生不息的思想才是本有應有的源頭。

糖廠為新竹打開世界甜點的窗口，觀念為台灣打開世界精神的窗戶。

奇妙和諧的當今風光

東門至東郭一帶有隆恩圳水悠悠穿流，行走兩岸，花木扶疏，天清日朗，一派歲月靜好風光。河畔設有許多適合閱讀閒坐的長椅，頗讓人聯想起海德堡的哲學家之道。涵泳其間，隨手拈起珍悅坊一塊馬蹄條，或冰火波羅油，喝一杯絲襪奶茶，讀梁任公才思澎湃的《飲冰室合集》；或外帶點水樓的江南細點，獨立橋頭，吟詠林占梅《潛園琴餘草》裡的詩句；有時憶起巴黎花城歲月，便挾一本班雅明或海明威，去吃 PAUL 那焦糖甜香的可娜麗，搭上一杯濃郁的黑咖啡。何其有幸自己生長在這芳美甘甜的豐饒之地。

再如此時置身麗池的日式庭園裡，坐著北歐木製家具，喝著法式咖啡，吃著本地的杏仁薄片與「法蘭酥」（台式歐洲小脆餅，上頭模糊地印著不成文的西文和巴黎鐵塔），一切竟顯得如斯「奇妙的和諧」（Recondita armonia，普契尼的曲子）。難道我早已與經歷大正浪漫、民國範兒與台灣風俗化的我城合一了嗎？

小鄧的歌聲在耳際風中唱起：「甜蜜蜜，你笑得甜蜜蜜，好像花兒開在春風裡，開在春風裡……」

糖廠散步地圖

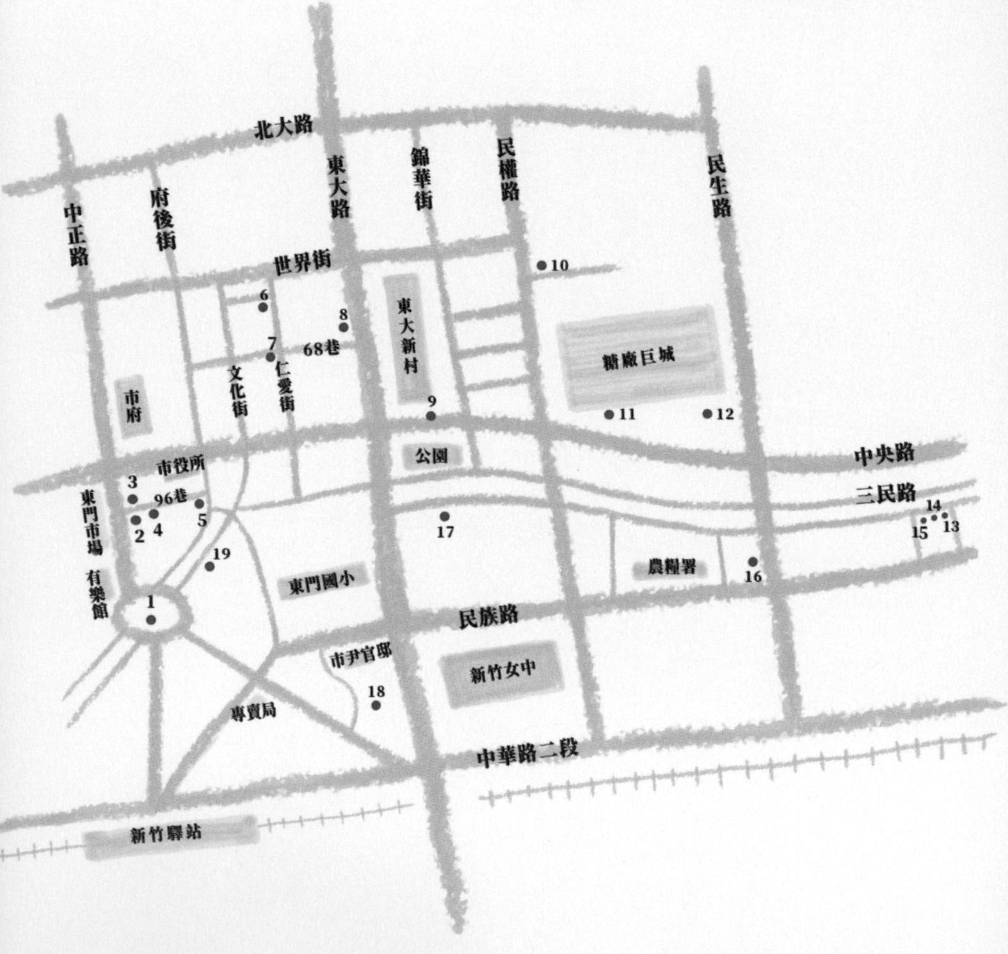

北大路
東大路
錦華街
民權路
民生路
中正路
府後街
世界街
10
6
8
東大新村
7
68巷
糖廠巨城
文化街
仁愛街
市府
9
11
12
公園
中央路
市役所
3
96巷
三民路
14
15
13
東門市場
2
4
5
17
19
16
農糧署
東門國小
有樂館
1
民族路
市尹官邸
新竹女中
18
專賣局
中華路二段
新竹驛站

尋味備忘錄

好日／三民路 12 號／ 03-5353309
明園日本料理二館／三民路 160 號／ 03-5351117
浪漫食堂日本料理／中央路 165 號／ 03-5311723
PAUL ／中央路 229 號／ 03-6238125
RT 麵包／府後街 31 號／ 03-5254571
小埜子咖啡／三民路 154 號／ 03-5355508
法芙嵐法式西點／仁愛街 87 巷 1 號／ 03-5350398
布魯茵咖啡熊／仁愛街 63 號／ 03-5339889
咖啡木／三民路 148 號／ 03-5328999
Schäfer 希弗德式烘焙坊／民權路 206 巷 1 號／ 03-5153687
珍悅點心坊／民生路 71 號／ 03-5312321
點水樓／中央路 241 號／ 03-5330808
福源花生醬／東大路一段 155 號／ 03-5328118
利利號／中正路 96 巷 6 號／ 03-5227365
美乃斯麵包店／中正路 94 號／ 03-5223722
新竹牧場／中正路 106 號／ 03-5223675

1. 迎曦門（石城東門、東門城圓環）
2. 美乃斯麵包店
3. 新竹牧場
4. 利利號
5. RT 麵包
6. 法芙嵐法式西點
7. 布魯茵咖啡熊
8. 福源花生醬
9. 浪漫食堂日本料理
10. Schäfer 希弗德烘焙坊
11. PAUL（巨城百貨，原帝國製糖株式會社新竹製糖所）
12. 點水樓（巨城百貨 B1）
13. 明園日本料理二館
14. 小埜子咖啡（蛋糕、手工餅乾）
15. 咖啡木（鬆餅）
16. 珍悅點心坊
17. 好日（手作輕食）
18. 辛公館（辛志平校長故居、原新竹中學校長宿舍）
19. 新光人壽（原新竹州圖書館）

廚房裡刀削、煮食牛肉麵的身影，是許多老竹塹人的記憶畫面。

移民的風味——牛肉與麵

牛肉麵今時今日已儼然台灣之「國麵」。近在通衢大道，遠則幽微村巷，上起觀光飯店，下至小館街攤，皆可輕易發現各形各色、各種血統各種搭配的牛肉與麵。

這舉國愛吃的牛肉麵，實則跟隨移民的遷入，漸次進駐到寶島的腸胃裡。新竹市不大，卻擁有最多次新舊移民潮與最密集的眷村聚落，因而造就多彩多姿的城市風味。且隨著風城一波波移民的的腳步，品味這一碗碗牛肉麵的變遷。

牛肉麵系譜繁多，更訴說了複雜的族群變遷歷史。

第一波——早期閩粵移民

幼時多耳聞：本省人不吃牛肉，證諸同學、鄉人，似乎確然如此。暑假返回苗栗外婆家（廣東客家人），不單眾親戚鄉里、妗表姨舅不食牛肉，整個卓蘭鎮上甚至找不出一家牛肉麵店（但粵東原鄉有牛肉丸）。然人稱「黑狗順」的外公（苑裡閩南人）卻是吃的，還特別鍾意炒牛雜配米酒，可見傳說不稽。

及長，又聞一說：泉人吃牛，漳人不吃。蓋泉州歷宋元以來曾為世界第一大商港、海上絲路要衝，五方雜處，華洋（猶太、阿拉伯、南洋等）交會，宗教畢集（外來的回教、猶太教等），因此是吃牛的。君不見至今台南人（泉州移民為主）早晨必進一碗汆燙的清燉牛肉湯，反觀漳州人多務農，故不吃牛。

考台灣泉籍移民大多來自鯉城郊縣（頂郊、下郊），絕少出自城中殷商富戶者。（想想也是，我家若為泉州大戶，斷不致賣命橫渡黑水溝。）泉人來台經營生理的有，開田務農的更多。漳人的情形大同小異，雖多務農，亦有經商（如新竹塹郊郊商、板橋林本源）。此說又不稽。

實情是：本省的農人不分籍貫，皆不吃牛。

早期的蠻陌台灣是山比田多、野獸比家畜多。開荒拓土、精耕細作，在本地的牛種馴化之前，樣樣少不了從原鄉帶來的水牛，如何可以下鍋燉得、下嘴吃得？這家中珍貴的主要生產力，終其一生為主人辛勤勞動，發揮最大剩餘價值。臨老臨死讓農人再去料理食用，於情感上（革命情誼）、口感上（老澀堅韌且多纖維）都說不過去。故早期台灣雖有零星牛肉料理，卻因風俗、習慣與來源因素未成氣候。牛肉麵的成形，還得等待第二波移民潮來。

第二波——戰後外省移民

民國三十八年前後，百萬中國各省軍眷、移民隨國府遷台。此前新竹因有空軍機場、民生工業（糖、米）與軍事工業（玻璃、瓦斯、燃料廠）基礎，成為日軍南進基地，故二戰末期美軍轟炸台灣，新竹受創最深。也因為這些基礎設施，竹塹城密集四十六座眷村，從此各省口音與口味，隨著九降風吹進新竹平原。

根據美食家、歷史學家逯耀東的考證：牛肉麵源起於民國四十年代、自成都遷來岡山的空軍官校附近的眷村。有四川老鄉異想天開，用仿四川郫縣豆瓣醬的岡山豆瓣醬燉煮本地黃牛肉，複製思念中的家鄉味「小碗紅湯牛肉」，再搭配南方麵條和四川榨菜或酸菜，就此調理出湯水油滑濃重、滋味香辣豐腴的川味紅燒牛肉麵。「源頭可能出於岡山眷村，之後風行台北，再由退役老兵播布到台灣各地的鄉鎮。」

這一碗充滿了抗戰時大後方生活回憶的料理——牛肉麵，誰也想不到就此發展、茁壯，

新竹眷村特多，牛肉麵攤與店林立，成為在地歷史記憶。
（李元璋攝影）

數十年間成為台灣麵食版圖上的王者。

新竹眷村特多，麵粉更是眷戶配給的基本品。於是流風所及，眷村內外、市場街口，如雨後春筍般冒出許多牛肉麵店（攤）。品嘗了這些年頭，在此只能略分為幾個不精確的大類分系，附上牛肉麵摘要筆記：關於口感、湯頭、肉質、麵條，又分成三種價位：A級九十元以下、B級九十至一百一十元、C級一百一十元以上，以利綜合評估。純屬個人喜好，排名不分先後。

一、川湘系

因抗戰本色，牛肉麵自打流傳伊始便以四川紅燒為大宗。新竹空軍基地或以川籍為多，故此類麵店多起自空軍眷村或子弟小學（今載熙國小）附近。如馬家（空軍四村）、朱記（空軍四村）、成都（後改為餐館）、三廠姜店（賣麻辣牛肉絲涼麵）、牛肉麵大王、老陸（樹林頭眷村）、居安（青年軍，已歇業）、學府（空軍七村）。

牛肉麵大王深具代表性。蜀人軍官文相如創立於民國四十年，強調四川正宗的香辣口感。店家的口頭禪是：「紅燒牛肉麵一定會辣，沒有不辣的；不吃辣請點清燉的。」湯頭香濃滑順。當地黃牛現宰溫體，用不帶筋與肥的肩背肉，燉煮入味，軟嫩可口。陽春細麵。B級價位。本店創設甚早，僅次於已歇業的**快樂牛肉麵**，原址在牛肉麵巷內，如今第二代另經營台中的**文相如牛肉麵大王**，第三代另經營**文家牛肉麵**。

馬家牛肉麵，空軍眷村湘籍人士開設，原在載熙國小旁，老闆娘嗓音極大。湯頭麻辣，香氣十足。用帶筋腱子肉，軟爛不柴。陽春細麵，口感軟爛。C級價位。水餃亦有風味。

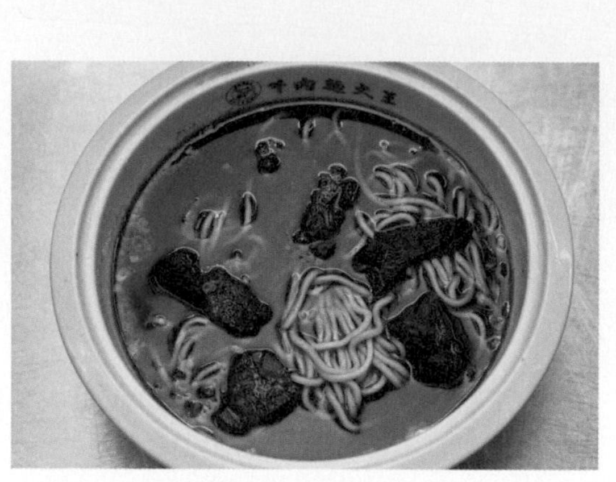

四川紅燒牛肉麵常居在地牛肉麵的主流地位。

本店曾設三家分店並遠及竹北，或為新竹之最。

二、北方系（山東、河北、東北）

除了紅燒、清燉牛肉和湯頭，北方系更強調手工、手感的麵食口感，筋道耐嚼，如家常麵、寬麵、刀削麵。又這類館子，常有捲餅、蔥油餅等餅食可吃。如山東館、小山東館、德壹（空軍三村）、老陳記北方、東北麵食、津門李記（空軍五村，已歇業）、蔥大爺（改餅食）、翟九（興安新村）。

翟九山東麵食，原以錦華市場麵條起家，研製出類似烏龍麵之口感嚼勁的手工麵條，細嚼有甜味麥香。用紐西蘭牛腩條，燉滷入味。湯頭不用八角，加入甜麵醬、辣豆瓣醬，醬味充足。C級價位。

德壹牛肉麵，空軍眷村數十年山東老店。湯頭滑順，帶中藥甜味。用牛腱子肉，口感略硬。中細拉麵，勁度夠。滷味用老滷汁，氣味足。C級價位。外省生活氣息濃厚，客人自攜金門高粱搭配香濃滷味，閒談水滸、大陸、兩岸等話題。

三、廣汕系

廣東人原就善於牛肉料理，餐館中照例有乾炒牛肉河粉、沙茶牛肉麵、牛肉燴麵或乾燒牛肉伊麵等。如珍香、珍悅坊、香悅樓、金老爹、麵朝、西市汕頭館等。我還特別愛上身兼同鄉會館的館子吃飯，為了那兒烹調手法道地、原鄉氣味濃厚。

珍香港式飲茶，由港籍粵菜師傅、點心師傅共同打造的三十年老店，又兼新竹廣東同鄉會館。乾炒牛河是粵菜名吃，下油猛火快炒洋蔥、蔥、韭黃及豆芽菜等。此店炒製的牛肉油亮生嫩，鑊氣十足。河粉滑潤彈牙。C級價位。各色茶點甚具廣東風味。

出自廣東潮州、汕頭一帶的沙茶牛肉麵，亦可算台灣牛肉麵的元老之一。**西市汕頭館**的沙茶炒牛肉麵以祖傳祕方的沙茶醬味為主，鮮嫩肉片汆燙後再與沙茶醬、青菜、烏龍麵拌炒，風味道地。用在地溫體牛肉片。A級價位。其他沙茶、沙嗲、牛肉料理亦是一絕。民國三十九年創立的元老級名店，兼新竹潮州同鄉會聯絡處。

四、西北系

西北系牛肉麵以清燉為主，偶有回族特色，麵食作法更加富於變化，有揪片、貓耳朵、刀削麵、皮帶麵、蘭州拉麵等。如貓耳朵小館（空軍九村）、羅記貓耳麵館、藏麵閣、長城小館（遷竹北）、勁道（已歇業）、成忠樓（已歇業）。

貓耳朵小館，店東高崙峰老爺來自陝西西安，西北麵食變化多端，特別富有嚼勁與麥香。可依個人對麵食的口感要求選擇家常牛肉麵、刀削牛肉麵或貓耳朵牛肉湯等。貓耳朵有三種顏色及口味：白色原味、綠色菠菜味及紅色胡蘿蔔味。帶筋牛腩軟嫩可口。湯頭清淡味足。A級價位。其他風味如涼皮、快炒皆好。老闆娘親切善談，上次返鄉過年，為我帶回富平瓊鍋糖和孫家羊肉泡饃，情誼可感。本店常應邀傳授、展示西北麵食，兼為中國青年軍協會新竹分會。

藏麵閣手作麵食館，師傅善於西北各式麵食，可點蘭州牛肉拉麵或西安牛肉泡饃，皆是C級價位。湯頭以多種蔬菜熬煮，清爽不膩。紅燒牛腩口感軟爛。拉麵柔中帶韌有彈性。泡饃則用俗稱「死麵」的不發酵麵糰烤製成「坨坨饃」，堅韌硬實特具嚼勁，為節省客人手擀的時間與工夫，店家事先切成方形小丁，久泡仍有咬勁，風味獨具。孜然的天香是我前世的味覺記憶，故亦特愛大盤雞、孜然炒肉、羊肉捲餅、新疆孜然炒拉麵等風味。

五、綜合系

風潮既起，其他各省移民也紛紛利用自家原鄉的作法，配合大眾顧客的喜好，賣起綜合口味的牛肉麵。如揭家（空軍五村）、李家、川六（東大新村）、老段（川廣口味）、老陳（空軍七村）、李復興（空軍大鵬二村）、西北小吃、曙光、如意、海福園（牛肉麵巷五十年老店）。

揭家牛肉麵，老店創立於民國四十六年，原址在載熙國小牛肉麵金三角，與馬家、張家鼎足而三。A級價位。用陳家製麵的陽春細麵，滑順爽口。牛肉熬煮入味，不油不柴，口感適中。中藥湯頭清淡柔順，韻味十足。以廣東人而能烹製江浙的細緻口味，在大新竹可謂獨樹一幟，旁支有尹記繼承其老滷與風格。滷味有一甲子老滷加持，淡而有深味，拌以自製辣椒或在地山東醋，風味絕倫。二代揭老闆每日梳著一絲不苟的油頭、切出漂亮齊整的滷味般，蔚為一道風景。他說：「簡單的事情每天重複做到一樣，就是不簡單。」

老段牛肉麵，可算得另一家我欣賞的江南風格麵店。B級價位。湯頭清澈甘甜。用在地黃牛肉，軟爛入味略有嚼勁。煮就的細緻麵條如一絲絲梳理過的髮絲平躺碗中，賣相極佳，比揭家更具蘇州大麵風格。其牛肉細粉、榨菜肉絲麵亦如此。店家標榜：「川廣口味，色香味美。」誰非虛說。

又有本地人受此影響，自眷村或外省人處學習，調理起平易家常的本省系牛肉麵。如阿婆早餐麵店、友芳小吃（客家牛肉麵）、美味沙茶牛肉麵、信義沙茶牛肉麵、家家麵館、傳統清香粄條、一廠（客家牛肉麵）。

阿婆早餐麵店，開在新竹中學校門口的老字號早餐。麵條口感偏軟。牛腩燉煮頗有嚼勁。紅燒湯頭添加沙茶，香辣可口。A級價位，分量不少，是我一大早饞牛肉麵時的選擇。

三廠麵店，A級價位，清晨起全天候提供牛肉麵，可能是新竹地區性價比最高者。用陽春細麵，口感彈牙。帶筋牛腱嫩而不柴。湯頭不添加豆瓣醬，帶有花椒味的清燉鹹香口味。原是三廠市場內的麵攤遷出，類似的還有三廠姜店、三廠南媽媽、三廠炸醬麵。「三廠」本是空軍十七、十八、十九村三個眷村的俗稱，但從小喜愛歷史的我，老是聯想到明代的特務機構「三廠」：東廠、西廠和內廠，偏偏廣東五華的客家老闆還姓魏？弄得我時代與神經錯亂之際，忍不住想大喊：「魏公公，來一碗東廠牛肉麵！」

絕妙的是：為配合台灣農民的口味，外省牛肉麵館多發揮滷製牛肉的看家本領，在原有

牛筋、牛肚等滷味，常是牛肉麵店的必備。圖為「牛肉麵大王」的滷味櫃。

豬肉滷味（豬頭皮、豬耳朵）之外，開發出醬燒豬腳、滷豬腳等新招牌，如馬記、尹記、山東家味。還有滷製鴨翅、鴨蛋的揭家。

第三波——科技移民

民國六十九年新竹科學園區成立，數十年來為塹城帶來大量的科技、專業與都市移民。這些新移民多受高等教育（或留學經驗），對牛肉麵這項國麵的口感、風味甚至管理、行銷、品評標準等有更多現代化的要求。久而久之，甚至自行開發新牛肉麵。於是乎在工研院門口，曾出現美國華裔科技人開的洛杉磯牛肉麵。科學園區附近，有交大校友合股開設賈董的麵。有園區工程師陸續下海烹煮牛肉麵的朝牛（已歇業）。有傳統口味的阿錦師，有台北永康牛肉麵廚師開設的山川，還有老陳、芯園和大內牛肉麵。

新竹牛肉麵自有其家族系譜在。這也是眷村後代（第二、三、四代）傳人結合自家手藝、歷史，加以現代經營管理、推陳出新，開創牛肉麵品牌化的時代。

如張三賣麵（老空軍福利社、空軍一村四代，已歇業）、王記（空軍勞山新村）、文家（牛肉麵大王二、三代）、尹記（空軍四村、揭家支系）、四川段純貞（樹林頭眷村）。又如璽子、活泉、芷林堂、老雲記、老徐、永記、貳壹村（空軍二十一村）、八十八巷、尚文（空軍眷村）、大叔眷村。

四川段純貞，係以店家奶奶為名，或許也是現今新竹最具人氣之牛肉麵。C級價位。用家常寬麵條。帶筋肉塊滷得軟嫩入味。紅燒湯頭帶加入辣豆瓣醬並帶中藥甘香，口感鮮甜，辣而不嗆，香味刺激而有層次。整體表現豐富精彩，風格鮮明。武陵店中常見眷村老客夫妻或三代齊聚一堂的景象。

芷林堂四川牛肉麵，C級價位。手工麵條。用澳洲牛腱子，半筋半肉香滷入味，口感

段純貞琳瑯滿目的小菜櫃，順應多元食客族群的味蕾偏好。（李元璋攝影）

軟嫩。營造出濃香迷人的紅燒湯頭。整體氣味豐厚。滷味亦好。店家親切好學，選料、工法皆頗精到。

璽子牛肉麵斤餅專賣店，C級價位。有清燉牛肉麵。用半筋半肉，口感香嫩油滑。手工擀製粗麵，有麥香，頗耐嚼。湯頭清澈，帶濃厚的薑與肉味。本店另專賣斤餅，夾入鹹香濃郁的京醬牛肉絲與生鮮甜脆的洋蔥絲，風味絕妙。最感人者，是這些斤餅皆出於店內的年輕更生人之手。原來孟慶璽夫婦創業以來，主動與中途之家合作，訓練中輟生學會一技之長。「站上斤餅台」成為這些少年的夢想。每片斤餅背後，都蘊含著璽子助人之心。

第四波——外籍移民

民國八十年代以後，陸續有外籍（以南洋的越南、印尼與泰國為主）與中國陸籍人士因婚姻關係定居新竹，也為塹城的牛肉麵添加更多異地風味。

一、南洋系

滑嫩的河粉，以滾燙的牛肉清湯為底，放入新鮮的生牛肉片、九層塔，再滴上現擠的檸檬汁，別提那湯頭是何等清爽甘甜！越南牛肉河粉，正是我等巴黎留學生在海外思念台灣牛肉麵而不可得時，最佳的替代品。如今在風城再嘗此味，別有異樣親切感受。有清江小館、台越廚房、越南風味及馬來老爹。

二、大陸系

陸籍配偶定居新竹，漸次亦以牛肉麵館為業，口味上有山東系、西北系，最多的當屬四川紅燒牛肉麵，算是回應台灣人五、六十年來心目中的主流設定吧？而這次移入的，是更道地的烹調手法，或更本然而多變的麻辣香料（如四川花椒、孜然、大紅袍）。有山東家味、尚文（空軍眷村二代與陝西配偶），有阿桂羊牛雜（傳承湖南五十年老店）、重慶孫子文、蜀仙及四川成都。

山東家味（魯籍眷村二代與大連配偶），牛肉滷製有醬香味。湯頭柔順，醬香味重。用宋家製麵特製粗拉麵，口感極好。B級價格，水餃亦好。

重慶孫子文（外省二代與重慶配偶），C級價位。牛肉帶筋彈嫩，口感頗佳。用手工麵條色澤透明，彈牙順口。正宗四川麻辣湯頭撒上白芝麻香氣，入喉回甘，辣而不嗆，風味十足。

近來間亦有受東洋拉麵影響的日系牛肉麵出現，如麵堂、九千久，和興南的牛筋烏龍麵。

針對新竹牛肉麵百跕齊鳴的洋洋大觀，我戲擬了一段不成熟的順口溜，以誌其盛。也算是風城飲食之餘，圖個一樂。川六對翟九；三廠對大內；山東館對西市館；芷林堂對海福園；四川段純貞、重慶孫子文；八十八巷金老爹，二十一村蔥大爺；王記尹記老陳記，文家揭家老段家。」

第五波——未來

牛肉麵發展至今已然蔚為大觀，精彩紛呈。肉源上有本地（黃牛肉）、有進口（美、澳、紐）；選肉上有牛腩、牛胸、牛肩、牛排或腱子肉；作法上有清燉、紅燒、麻辣、拌炒、勾芡、燉煮、過橋甚至涼拌；麵工上有細條、寬帶、刀削、手擀、皮帶、麵片、油麵、伊麵、鹼水麵、家常麵、貓耳朵乃至河粉。各家自有一片風光，誰也難能無敵於天下、長期稱霸牛壇與麵壇。既是國麵，眾說紛紜，只能是各有所愛、適口者珍了。

最難忘懷的，總是人生第一碗牛肉麵。那濃香甘甜的滋味，曾經是幼時父親常領我去的居安牛肉麵，位在護城河畔成功橋頭（舊名旭町橋，新竹二二八事件發生地）。還有不遠處，東門國小後門、土城橋畔的「牛肉麵巷」（今中正路九十六巷接府後街，本地人多稱「美乃斯巷」）。舊時此地曾搭起許多臨時木棚，棚棚皆賣家鄉風味牛肉麵，不是紅燒、便是清燉。煮麵師父個個背上傷口，不是刀疤、便是槍傷；手臂上皆刺青，不是「反共抗俄」、便是「殺朱拔毛」。好一派水泊梁山氣魄！可惜我生也晚，竟不曾在此大碗喝酒、大塊吃肉、大聲唱歌過。

如今要尋此等慷慨從容、雄深雅健的民國風光，得上貓耳朵小館去了。吃碗貓耳朵炒牛肉，喝碗四寶湯，再看看牆上字跡墨寶（于右任、高震東及我師田玉青）。細品一品「小館名氣大，食者讚美多」（魯迅原句：小館名氣大，酒客讚美多）與「學得古人風，此生又何憾」、「但見青山碧波在，亡卻幾度夕陽紅」的主人心跡。更看那「一寸山河一寸血，十萬青年十萬軍」，以及于右老「滄海波全定，神州日再中」和〈詣翠亭村〉詩作中自然流露的開國氣象。

牛肉麵巷風光不再，所幸此處尚有川六牛肉麵（快樂牛肉麵已歇業，另牛肉麵大王三遷至中央路，海福園牛肉麵三遷至民生路），這是我小學同學、南京胡某所繼承，他一手刀削麵絕技，便是學自當年對面木棚的百戰老兵。某次老胡非讓參加東門國小相聲團的大兒子侍立桌旁，搖頭晃腦地把相聲《這一夜》、《那一夜》學說個不停。伴隨著一碗刀削牛肉麵，當真是趣味橫生，卻也百感交集。

眼看著新竹城牛肉麵的歷史悠久、百花齊放，不禁教人懷疑當初逯老師的推斷：「發源岡山、風行台北、散布台灣」之說是否過於簡單而直線？且不說岡山至台北距離遙遠，牛肉麵的傳布真可能略過北上沿路眷村城市嗎？直至台北發揚光大，這才由退伍老兵傳布至台灣各鄉鎮？更何況新竹的快樂、大王、揭家等牛肉麵店創設年代，早於台北桃源牛肉麵街之成形。

牛肉麵在台灣的發展，當是各地眷村人基於相似的抗戰情懷，加入相同的原料（牛肉、麵條、酸菜、岡山辣豆瓣醬），漸次發展多元風格，最終匯聚於台北。

移民的風味，有常有變。恆常不變的是牛肉與麵、食物與人、人與文化。口味倒是愈變愈出了，焉知日後新移民不會端出印尼咖哩牛肉麵？又焉知新竹人不會結合在地佳美食材，研發出獨特的牛肉米粉、清燉牛肉粄條或原民風味的馬告牛肉麵呢？

誰知道呢？

牛肉麵散步地圖之一

武陵空軍眷村區

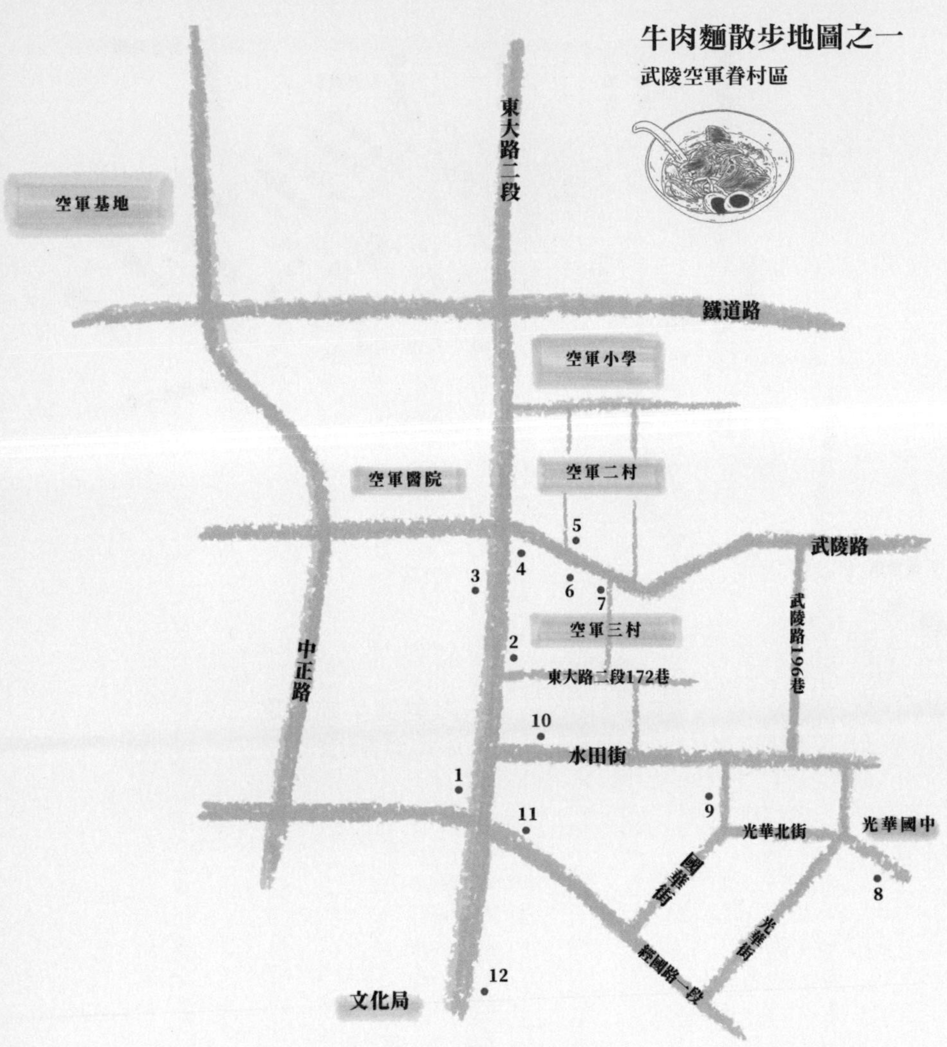

1. 眷村博物館
2. 德壹牛肉麵
3. 朱記餃子館
4. 「新竹第一村」入口意象
5. 尹記牛肉麵
6. 北方羊蠍子
7. 四川段純貞牛肉麵
8. 芷林堂牛肉麵
9. 張氏節孝坊
10. 黃天津炒牛肉麵
11. 五花馬水餃館（經國門市）
12. 黑蝙蝠中隊文物館

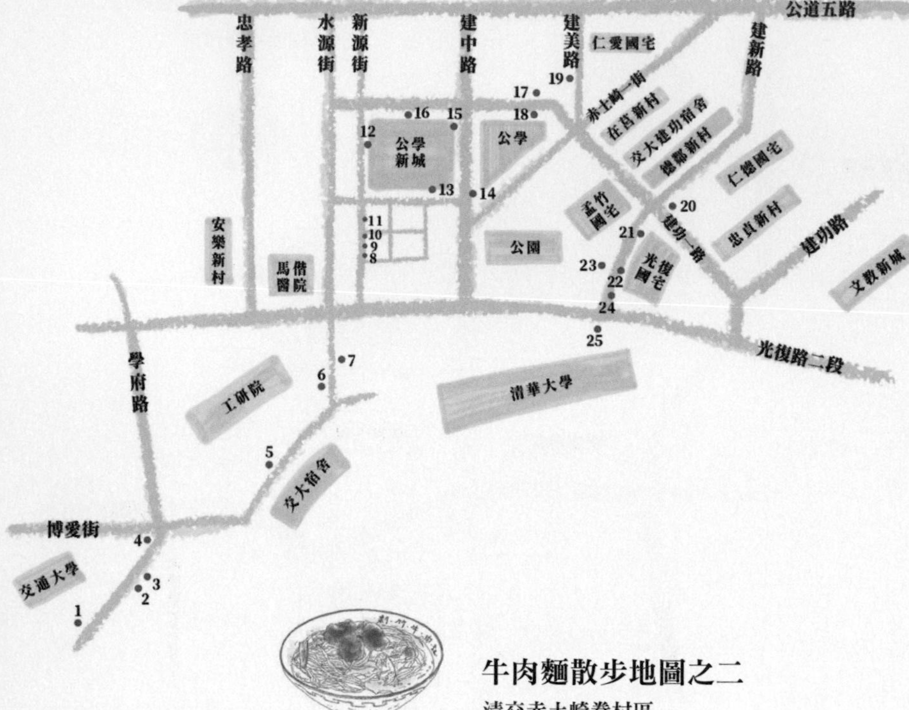

牛肉麵散步地圖之二

清交赤土崎眷村區

1. 交大後門
2. 越南風味
3. 學府牛肉麵
4. 璽子牛肉麵
5. 清交小徑
6. 水源街麵食館
7. 羅記牛肉貓耳麵館
8. 好客來麵館
9. 豐功饅頭
10. 高家大陸餅
11. 得意小館
12. 東北麵食館
13. 山東家味麵食館
14. 五花馬麵食館（建中門市）
15. 藏麵閣
16. 四川段純貞牛肉麵
17. 老段牛肉麵
18. 貳壹村牛肉麵
19. 如意麵食館
20. 馬來老爹
21. 永記牛肉麵
22. 麵朝麵食館
23. 台越廚房
24. 老陳記北方麵食館
25. 清大側門

尋味備忘錄

川湘系

牛肉麵大王／中央路 93 號／ 03-5222535

學府牛肉麵／學府路 106 號／ 03-5713889

北方系

山東家味麵食館／建中一路 15 號／ 03-5728969

習九山東麵食館／民權路 [illegible] 號／ 03-5337759

德壹牛肉麵／東大路二段 158 號／ 03-5354038

老陳記北方麵食館／建新路 4 號／ 03-5713363

東北麵食館／新源街 102 號／ 03-5740072

廣汕系

西市汕頭館／西安街 70 號／ 03-5244430

香悅樓／田美三街 57 號／ 03-5345355

金老爹／光復路二段 531 號／ 03-5611699

西北系

貓耳朵小館／經國路一段 454 巷 64 號／ 03-5351699

平川西北小吃／中山路 191 號／ 03-5256796

藏麵閣／建中路 57 號／ 03-5740156

羅記牛肉貓耳麵館／水源街 62 號／ 03-5751525

綜合系

揭家牛肉麵／東大路三段 373 號／ 03-5364668

川六刀削麵／中正路 96 巷 26 號／ 03-5229393

老段牛肉麵／建功一路 182 號／ 03-5728207

李復興麵館／延平路一段 163 號／ 0976-785138

美味沙茶牛肉麵／四維路 132 號／ 03-5259805

黃天津炒牛肉麵／水田街 81 號／ 03-5429811

水源街麵食館／水源街 15 號／ 03-5711408

郭記牛肉麵／水源街 44 號／ 0958-901-453

好客來麵館／新源街 46 號／ 03-5750979

得意小館／新源街 86 號／ 03-5721849

如意麵食館／建美路 17 號／ 03-5710212

麵朝麵食館／建新路 8 號／ 03-5718709

第三波

賈董的麵／竹北市台元街 34 號／ 03-5600363

老陳牛肉麵／食品路 112 號／ 03-5619276

尹記牛肉麵／武陵路 63 號／ 03-5409565

貳壹村牛肉麵／建功一路 85 號／ 03-5711127

芷林堂牛肉麵／光華北街 59 號／ 03-5426848

小記牛肉麵／建新路 32 號／ 03-5729173

璽子牛肉麵／博愛街 31 號／ 03-5715959
　竹北市勝利三街 148 號／ 03-6675539

四川段純貞牛肉麵／武陵路 96 號／ 03-5408165
　建功一路 135 號／ 03-5748838
　竹北市嘉豐六路一段 95 號／ 03-6670557

南洋系

鳳凰越南小館／南大路 422 號／ 0909-254373

越南小館／長春街 30 號／ 03-6669291

越南風味／學府路 92 號／ 03-5727368

馬來老爹／建功一路 64-1 號／ 0958-887393

台越廚房／建新路 9 號／ 03-5750261

大陸系

阿桂羊牛雜／北門街 63 號／ 03-5280850

重慶孫子文牛肉麵／林森路 274 號／ 03-5230832
　高翠路 275 號／ 03-5797098

蜀仙牛肉麵／東南街 44 號／ 03-5616668

成都名小吃／南門街 26 號／ 03-5240090

其他

朱記餃子館／東大路二段 221 號／ 03- 5425042

北方羊蠍子／武陵路 90 號／ 03-5408461

五花馬水餃館／經國路一段 792 號／ 03-5314179

豐功饅頭／新源街 48 號／ 03-5717300

高家大陸餅／新源街 56 號／ 03-5726372

五花馬水餃館／建中路 30 號／ 03-5752926

藝妓的身影——和漢料理及其他

政子姑娘的風城遺緒

在新竹舊城的南門街與林森路口，有一間裝潢現代時尚的日本料理店。此處一帶原為清代的龍王廟及育嬰堂，竹仔城的南門、竹塹石城的歌薰門皆近在咫尺，故名南門小政。

日據時代昭和年間，一位關西姑娘政子（Masako）遠赴台灣，在新竹展開了藝妓生涯。這位政子姑娘不但溫柔親切、能歌善舞，難得的是還擁有一身好廚藝，賓客宴席常指定她的好菜。久而久之，美名日盛，南來北往的日籍達官貴人、文人雅士，甚至巡迴表演的相撲力士，紛紛慕名而來，莫不以一睹新竹政子舞姿芳顏、一嘗其家鄉美饌為榮。

之後政子終於卸下華麗的妝容，洗手調理美味的羹湯，擇定南門街上開設一家日本料亭。歷來老客多喜暱稱政子為小政（Komasa）姑娘，為了順口，取名南門小政。

政子使用日本作料及烹調手法，結合本地新鮮食材，提供日本家常傳統風味，亦接辦大型宴席料理，迅即成為新竹州名店。然而就在這店務蒸蒸日上之時，戰爭結束了，台灣光復了。勢必遣返回國的政子，面臨這心血結晶存續的抉擇。

焦慮思考中的政子，此時發現正在廚下幫忙的本地人士小楊，想起楊氏兄妹勤快認真、誠實可靠，決定將這間新竹名店的招牌、設備與技術，盡數傳授給他們。於是藝妓飄然離去，留下美麗的身影與這間料亭，延續在風城的日本料理滋味。

返國後的政子姑娘結婚生子，過起家居平常生活。然而戰後的日本經濟蕭條、百廢待興，補貼家用所需，政子決定重作馮婦，再次經營料亭。為了紀念花樣青春的歲月，店名仍是南門小政。出於對創業第一間料亭終生懸念，政子過世後，其子遵從遺願，回到新竹進行巡禮。台日兩地的南門小政再續前緣。

如今在這間日式料理店中，常見穿戴整齊、受過日本教育的年老仕紳，熟練地在冰櫃前指點新到的魚鮮，哪樣切成生魚片，哪樣適合做壽司，再熱上適口的清酒，一人在

一碟刺身加上一壺清酒，盡顯日式風情。

從茄汁、山藥、鍋燒到蕎麥細麵，「南門小政」的烏龍麵口味不一而足。

各色壽司是日本料亭不可少的品項。

吧檯自在優雅地進餐。更常見雙雙情侶、三五好友或家族聚會，人們指點著厚厚的菜譜，各自尋找個人的口味。沙拉、刺身（生魚片）少不了；吃烏龍麵的，有茄汁、山藥、鍋燒和蕎麥細麵；要壽司或手捲的，有海苔、鮭魚子，或生魚、生干貝握壽司；來點揚物吧，有炸明蝦、魚排、豬排、花枝和野菜；想喝湯湯水水味噌湯土瓶蒸的，點蒸煮、吸物或鍋物；最後不免來個套餐，從豬排、和風牛小排到豪華版的風清定食。

日本明治維新之後，大力吸納西洋料理之後演變的洋食，除了可樂餅外，在這兒大部分吃得著。巴掌大的炸豬排厚度充足，外皮金黃而酥脆，豬里肌的肉排鮮嫩帶汁，頗為入味。日式風味、口感偏甜的咖哩飯附有漬物和味噌湯，濃稠的醬汁中有大肉塊、馬鈴薯及紅蘿蔔，香氣迷人。馬鈴薯沙拉口感綿密，調味恰到好處，搭配馬鈴薯細緻的顆粒十分順口，容易上癮。

也可以自去櫃檯前選取心愛食材，或昆布（海帶）、或蘿蔔、或油豆腐，或經典的蒟蒻，或在地特有的苦瓜，組合一碗心目中的關東煮。或點一碗天丼，也就是天婦羅飯，上頭有芋頭、地瓜、茄子、炸蝦等各式各樣的粉裹油炸菜色，清香可口。尤其該吃雞腳凍，乃店家將滷製的雞腳並剩餘充滿膠質的滷汁，一同裝入容器，冷卻成為一盒雞腳肉凍。這並非「東海雞腳凍」式的凍雞腳，反倒類似中國北方的豬肉凍。上桌前加一點日式美奶滋，鹹香誘人，風味特殊。

可要論到最常吃的，也還就是雞腿飯。

某次有幸參觀新竹藏家一屋子的骨董，從陶俑、唐三彩看到宋官窯，又從元青花大盤、萬曆鬥彩看到康熙釉裡紅、乾隆琺瑯彩瓷，夾雜著墓葬明器、名家字畫、文玩雜項等等等等不一而足，看得我是心花怒放、目眩神迷，差點自稱為「眩眩社」人了。看罷已過酉時，老先生親切地邀我上小政吃飯。

翻過了店中各種華麗的定食料理，我們只各點了一客雞腿飯。先炸再烤的雞腿外皮香脆微焦，肉質鮮嫩保有彈性，塗抹的日式醬汁經

「南門小政」以炸烤過的雞腿、微甜酸菜與醃蘿蔔片組成的雞腿飯，佐上味噌湯，富和漢料理精髓。

在多樣食材種類前，自選出一碗心目中的關東煮。

烘烤後香氣迷人，雞腿上撒些個白芝麻粒。白米飯中淋上淺淺滷汁，拌以店家自炒的微甜酸菜，再點綴一片黃澄澄的日式醃蘿蔔片，配上溫熱的麥茶和傳統的味噌湯。那一餐吃得頗為家常平淡，卻又十分適口滿足。實則這正是結合在地佳美食材與台灣烹調方法的「和漢料理」精神所在。

大和與大漢文化的糅合

所謂「和漢料理」，就字面上而言，「和」指的是大和民族，而「漢」即表示大漢民族。「和漢料理」最簡單的定義，就是中日混合的料理或菜餚。這個文化元素混合的歷史在日本可以追溯到元和、寬永時期（一六一五－一六四三），當時僅開放長崎港為國際貿易口

咖哩醬汁捨棄大塊食材，脫離日式洋食定規，是進一步在地化的口味。

岸，其中葡萄牙人經巾南洋北上抵日，故日人稱其為「南蠻」，南蠻料理、南蠻菓子如天婦羅、蜂蜜蛋糕便與中國料理（如東坡肉）同時傳入。長崎因此成為和食與各國料理文化衝擊混合的國際廚房，和漢料理開始風行。

就在小政姑娘的身影下，後方轉角的中南街，有間興南飲食店。

小店招牌菜色是讚岐烏龍麵和滑蛋咖哩飯。咖哩飯用半月形碗盤盛裝，客人自行將咖哩淋上飯與滑蛋進食。其咖哩長時燉煮、入色較深，味道香濃微甜而不膩，頗為順口。店家先在蛋液中加少量鮮奶，使得滑蛋的口感更加軟嫩滑順。咖哩醬汁中的肉塊多以肉末取代，亦無紅蘿蔔或馬鈴薯塊，脫離了日式洋食的定

「興南飲食店」牛肉口味烏龍麵應和了風城原有的牛肉麵傳統。

什錦中華丼飯是和漢料理的元老級菜色。圖亦為「興南」招牌之一。

規。與小政的咖哩飯相比，可謂更進一步的在地化口味。

菜單上的什錦中華丼飯，本就是和漢料理的元老級菜色。有牛筋烏龍麵，清燉的牛筋香醇入味，半筋半肉的口感頗為動人；湯頭清香順口，搭配彈牙的烏龍麵，竟意外呼應著風城的牛肉麵大傳統。直接稱為和漢清燉牛筋麵可也。

妙的是店裡的湯品，已無日人每餐必備的味噌湯，全是符合台灣口味的本地湯品：有牛筋湯豬肝湯，有青菜湯蛋花湯，有餛飩湯及青菜蛋花湯。另外，您猜得不錯，早期本店還曾提供貢丸湯，因為這裡是新竹。

甜不辣、黑輪、關東煮與天婦羅

說起日本殖民統治五十年，在飲食品類上帶給台灣最深刻的影響，既非壽司拉麵，亦非咖哩飯或生魚片。依我看，當屬甜不辣。

距離興南幾個街口，東門城附近有一三十年老店雙星，專賣甜不辣。

一如台灣傳統的甜不辣，碗中通常包含日式食材如竹輪、黑輪、魚丸、甜不辣、白蘿蔔和油豆腐等，純鯊魚魚漿製作的甜不辣口感彈嫩耐嚼，淋上由味噌、豆瓣醬和番茄醬調配而成的甜不辣醬進食。食用後碗底遺留有紅色醬汁，此時加入由柴魚與白蘿蔔熬煮而成的湯頭，甘甜清香，心滿意足。有創意的店家還添入在地食材如雞捲、龍鳳腿甚至是餛飩，風味倍增。

然而「甜不辣」究竟是何物？又是如何傳入台灣的？有一說甜不辣是從「天婦羅」演變而來的，為何南部人又稱作「黑輪」？這些食物和「關東煮」有親屬關係嗎？誰是誰的源頭？誰又是誰的衍生呢？

考天婦羅（天麩羅）是用海產或蔬菜裹上麵粉粉漿後油炸的食物，日語音譯自葡萄牙語Tempora。早期葡萄牙人在天主教大齋期間持戒禁吃獸肉，從而演變出以海鮮替代的飲食傳統。十六世紀隨葡萄牙教士傳入日本，這道「南蠻料理」意外地迅速流行起來。原來早在明治維新之前，日人已有長達一千兩百年不食獸肉的傳統，這下子一拍即合，天婦羅於焉誕生。

天婦羅在日本又可分兩種作法：其一流行於關東，是將魚、蝦、貝類或蔬菜等食材裹以小麥粉與蛋汁後下鍋油炸的日本料理，在南門小政可以吃到。而關西地區流行的天婦羅卻是一種魚漿油炸的加工食品，台灣人直接音譯成「甜不辣」，南部人則稱作「黑輪」。在雙星、漁香與愛國屋可以吃到。

愛國屋用東市供應商阿蓮的祕方甜不辣，其巧思係在魚丸及甜不辣的魚漿原料中，添加洋蔥和微量的、一般人不易察覺的油蔥酥！以之拌炒青菜或油炸、烘烤，流露出家常的在地氣味。這甜不辣烤製後色澤金黃微焦，沾少許胡椒鹽，彈牙中自帶異樣的鮮甜口感，再搭配存放二十年高粱辛香醇厚的勁道，這是老李家的簡易和漢料理。

乍見漁香甜不辣那日式風格的黑色系名片，還以為是口味純正、根正苗紅的日系店鋪，曰又不然。

歷經三代，打從陳老闆的祖父輩便開始經營生意的漁香，是新竹數一數二的魚漿供應商，客戶包括石家魚丸等風城名店。店內標榜「百年傳承、手做現打」的老傳統，魚漿的製作特別講究。要使用深海的大型鯊魚，魚腥味淡、肉質緊實而有彈性，製程中不添加其他雜魚魚漿及過多的粉漿。以純正鯊魚漿製作出甜不辣以及魚漿、魚餅、魚棗、魚條、魚丸食品，滋味清甜，彈牙耐嚼。如此新鮮現做的甜不辣不耐久煮，最好現點現做。否則表皮軟爛，內餡鬆弛，大大影響此物應有的口感（可以對照一下便利店中的關東煮）。

就為了增添口感，店家於菜單中添註的日文說道：在魚條中加入了豬肉，魚棗中則加入雞蛋，使鯊魚漿中流露出清雅蛋香。鹽酥甜不辣油炸過後更有嚼勁，撒上台灣特有的鹽酥作料更是辛香撲鼻，日文說明中乃直接標明為「台灣風」。添加獸肉與雞蛋、改換鹽酥作法，甜不辣這道和漢料理，已逐漸脫離日本料理甚至葡萄牙南蠻料理的傳統，走上自己的道路。

為了符合風城人的在地胃口，除了原味和鹽酥甜不辣之外，店家做出魚丸湯、骨仔肉湯、乾麵、滷肉飯、燙青菜以及雞腿便當、香腸便當等多種搭配。仔細觀察菜單，貢丸湯、米粉、鴨肉飯等新竹的飲食名片赫然在目。還是那句老話：「因為這裡是新竹。」

現點現做的甜不辣，尤能突顯彈牙耐嚼風味。

推陳出新的風味實驗場

在台灣的便利超商帶動了「關東煮」這個名稱流行之前，同樣是傳自日本關西「天婦羅」的魚漿食品，北部多以圓形或條狀的魚漿片「甜不辣」來代稱；而中南部則以長管狀的魚漿棒「黑輪」來稱呼。黑輪一名來自「關東煮」（Oden，日語讀作「御田」），是閩南語轉自日語的音譯。中國大陸則稱作「熬點」：熬煮的點心小吃，音義皆頗為傳神。

在台灣的甜不辣或黑輪，跟日本的關東煮無論在食材、用料或調味上皆已不盡相同。關東煮能在台灣、中國地區流行，實在也因為它類似中式料理的火鍋、盆菜或大鍋煮。魚餅、魚棗、魚條、魚丸等魚漿製品，在地蔬菜，甚至當地特有食材如貢丸、米血糕、蘭花豆腐乾等，一一置入高湯中燉煮，食客各依所愛自行下筷子。

便利超商中的台灣關東煮，早已演化為各種食材甚至和漢料理的風味實驗場了。首先是精選台灣在地捕撈的鰹魚製作成柴魚片，烹煮出色澤金黃的柴魚高湯；加入各色日式食品，如：章魚燒、魚豆腐、雞唐揚、海苔燒肉、鮮蝦福袋、佃煮杏鮑菇、伊豆鯛魚揚及炙燒雞肉軟骨；其次加入在地新鮮食材：甜玉米、鮮香菇、白蘿蔔、綠竹筍、金針菇捲及埔里產的筊白筍；再添加經典的台灣口味，如：滷豬血、大燕丸、福州魚丸、新竹貢丸、中華油豆腐，還有傳統古早味的香蔥肉捲、台灣黑輪、台南養殖虱目魚丸、手工製作的鑲肉豆腐、屏東特產的手工苦瓜封及搭配國產蓬萊米的米血糕。

台灣人不斷往這口關東煮的大鍋裡添加創意食材，竟有德國香腸、起司金錢蝦餅、黑胡椒雞肉串，以及儼然成為經典的王子麵和統一科學麵。

最大的創意，在於引進四川椒香麻辣高湯。原本以豬骨、柴魚、昆布和蔬果熬煮而成的關東煮湯底，已具備清爽濃郁的回甘口感。為了追求最道地的麻辣風味，店家選用粒大色紅、肉厚油重、味香溫麻的大紅袍花椒，營造出適合台灣口味的「辛香」型麻辣。另以加拿大芥花油替代牛油，經過四十八小時慢火熬煮，藉以提升湯底甜味。如此萃取出大紅袍花椒麻香兼具的新湯底，搭配原來關東煮鍋中的所有食材，讓味蕾的開發與探險達到另一個新境界。

總有一天，台式關東煮會發展成台式麻辣燙，或台式鴛鴦鍋。

因地制宜的料理作派

明園一館是個連招牌都沒有的隱密所在，在東郭我的老家附近，靜靜地藏身在網球場邊的地下室裡。你要是鼻子夠靈，經過時或能聞見一絲絲日式燒烤的香味。

老饕走下樓梯，裡頭洋溢著溫暖的黃色燈光，店家隨端上一道家常料理蘿蔔燉肉，透露出家庭式的溫馨。軟殼蟹壽司幾乎是老饕必點的招牌，軟殼蟹炸得外酥內嫩，滿滿的蟹肉內餡清淡美味，加入適量的肉鬆正好提味。再搭配一層綿密厚實的蛋皮和清爽脆口的西生菜葉，一口咬下，其樂無窮。

本店以碳烤聞名，有味噌羊小排、照燒牛肉排、日式炸雞肉、炭烤味噌圓鱈、醬燒黃金豬、綜合碳烤肉捲夾蘆筍番茄金針菇等。為了試味，老饕盡可能每次點名新菜色。

先來個碳烤秋刀魚，考驗師傅的真功夫，燒炙得過與不及皆不可，這魚肥嫩不柴，那帶有焦香味的魚油搭配白飯正好。碳烤泡菜雞翅，外表烤色均勻，店家巧妙地將骨頭去除，在雞的皮肉之間塞入韓國泡菜，一口咬下，醬汁充盈，雞肉的鮮嫩與泡菜的熱辣兼而有之，十分過癮。鹽烤特級沙朗肉質細嫩、油脂豐厚，撒上一點海鹽，再加上店家自調的九層塔醬汁，可謂一絕。烤肥腸油而不膩，口感豐腴。鹽烤小卷十分考驗店家功力，烤得熱辣爽口而不失小卷的清脆甜嫩。最後再來個炸紫蘇魚，以整片紫蘇包起來油炸，酥嫩而有異香。

老饕另點一份炒高麗菜和焢肉飯（雖然菜單寫的是滷肉飯）來消化這一大堆燒烤。隔桌有朋友在此慶生，店家特別以豬腳招待壽星，可真是十足台式的慶生風格。

明園一館歇業前，同一條街不遠處，全新的明園二館成立了。不同於舊館，新館不但浮出地面，甚至擁有整棟老洋樓，修復的二樓頂棚梁柱井然，頗具古意。窗外大陽台涼風習習，綠意盎然，於此用餐，稍有京都鴨川河床意興。

新館繼承了舊館的燒烤手藝、招牌菜色，延續了老闆娘親切招待的服務風格。當然也與時俱進，更新裝潢風格並增添了時興菜色。舊館是溫馨親切的家庭式居酒屋，新館更像是時尚新穎的燒烤酒吧餐館。這也類似南門小政第二代與第三代裝潢風格的對比。

嘗嘗綜合生魚片，極其新鮮的鮭魚、鮪魚、海鱺、軟絲大拼盤，搭配現磨的山葵，不同食材的原味盡現於口舌之間。也嘗嘗新館的烤綜合肉串，肉質鮮嫩，每串且包有金針菇、番茄、蘆筍等不同流俗的新鮮搭配，塗抹醬汁燒烤之後各有妙味，堪稱經典。再嘗嘗海膽中卷燒，精選的中卷頗肥美，上頭裹以奶味十足的海膽，調理得恰到好處，既有燒炙之美又有海味之腴，真乃首選下酒菜。同是燒烤特色，舊館炭烤、新館電烤，這也是因應時代的演進吧？可惜舊館不在了。

老饕按舊館老規矩，點了一碗托名滷肉飯的焢肉飯，再來一碗大蛤蒜頭湯佐食。店家選用海產大蛤及海量大蒜烹煮，鮮美異常，味道神似中南部土雞城的招牌蒜頭湯。這又是十分道地、十分台式的和漢料理組合。

貼近台灣胃的真味

和漢料理，是一種以台灣在地食材、融合本土性格、因應本地人飲食習慣而形成的日本食堂料理。在台北三代經營的美觀園，有一道和漢料理的經典：生魚醋飯。源自台灣人吃握壽司時，喜歡在飯糰上沾醬油的習慣。握壽司的正確吃法，本應以魚片沾食醬油才是。若以飯沾食醬油，握壽司極易鬆散；若著意捏緊醋飯，卻又失去原有的爽口本色。為了因應台灣人這個進食習慣，店家在五顆飯糰上置放六片厚厚的生魚片，塗抹芥末，再用刷子抹層醬油膏，造就這道風味特殊、在地吃法的生魚片醋飯。老闆說：「多年來我們堅持這種正宗吃法。」

今日的和漢料理不只是單純的中日混合料理，也不只是運用在地食材和手法，研發出甜不辣的各種吃法。和漢料理更為本地料理打開了更多的新思路，台灣人就此充分發揮前所未有的體貼與創意，各種料理文化元素卻能融洽為一爐，如明園的豬腳、焢肉飯與大蛤蒜頭湯；如興南的和漢清燉牛筋麵；如漁香的鹽酥甜不辣；如愛國屋的油葱酥味甜不辣；如南門小政的雞腳凍、雞腿飯，又如卓振利食品行研發的牛蒡甜不辣。比起強調血統純正的日式料理，似乎更能貼近台灣人的胃口，這是和漢料理的真味。

高中時代的我頗沉浸於川端康成的耽美世界中。由金溟若翻譯的川端名著《古都》、《雪國》或《千羽鶴》，幾乎都是在南門小政看完的。猶記多年前一個微雨的午後，我與舍弟在這老店的窗邊，清酒一壺，揚物若干，討論著《伊豆的舞孃》，想起那色藝雙全、冠絕一時的政子姑娘，悠然神往。此時恰傳來日語歌曲〈何日君再來〉的旋律……

和漢料理散步地圖

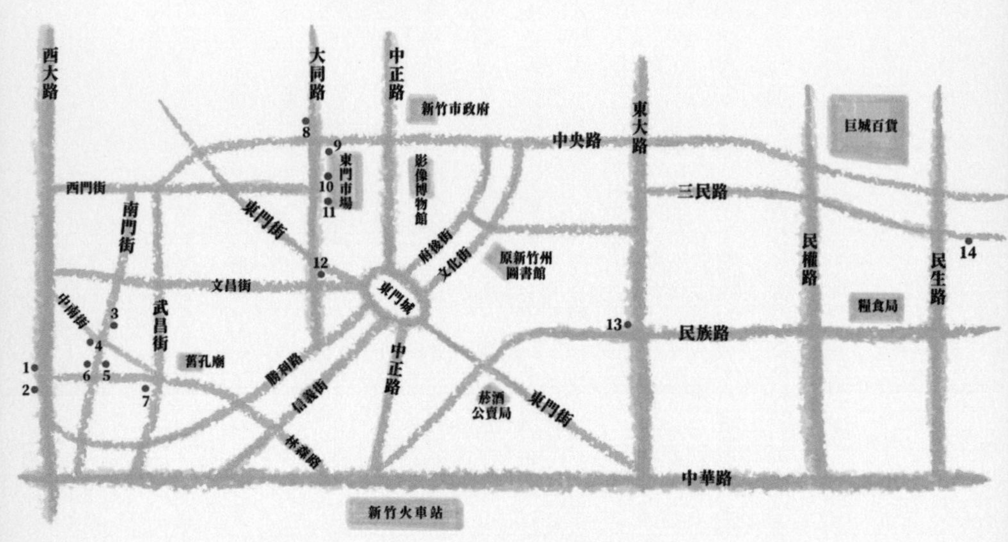

1. 南門城（歌薰門）遺址
2. 上芳木瓜牛奶
3. 竹仔城南門遺址
4. 興南飲食店
5. 南門小政便當
6. 南門小政日式料理
7. 李澤藩美術館
8. 漁香甜不辣
9. 漁香甜不辣工廠
10. 卓振利食品行
11. 愛國屋
12. 雙星甜不辣
13. 辛志平校長公館
14. 明園二館

尋味備忘錄

南門小政日式料理／南門街 43 號／ 03-5258811
南門小政便當／南門街 58 號／ 03-5222565
興南飲食店／中南街 27 號／ 03-5240430
雙星甜不辣／大同路 42 號／ 03-5243863
漁香甜不辣／大同路 97 號／ 03-5238843
卓振利食品行／東門市場 1094、1133 號／ 03-5224597
明園二館／三民路 160 號／ 03-5351117
愛國屋／東門市場 1088 號／ 03-5249612
上芳木瓜牛奶／勝利路 101 號／ 03-5222519

尋常西式鹹甜點心加入在地食材，翻新出獨特面貌。

新風格的追尋——新竹城飲食、生活、文化及其他

周氏傳統家宴的新與舊

位於新竹北門大街上的周益記大厝，橫跨三個大開間的樓房立面，表面敷設白色磁磚，並飾以華麗細緻的巴洛克洗石子山牆，是一幢優雅大氣的昭和式樣洋樓。來自福建泉州安溪的周敏益家族，於一九二六年遷入，在此落地生根、開花散葉。直至一九八一年，出於種種考量，周氏家族決定遷居台北。徒留這幢大厝，靜靜在此守護塵封的記憶，繼續見證北門大街的風雲聚散。

二〇一一年，來台第六代子孫周友達整合家族產權，幾番深思長考，決定自行提報為新竹市定古蹟。周益記自此走上漫長的古蹟修復之路。「這是一堂現代向過去謙卑學

習的功課。」周友達表示：「希望周益記能回復到民國六十年代我仍生活在此的模樣，並將這幢老宅的美與內涵傳承給下一代，分享給更多喜愛老宅的朋友。」

二〇一六年歲末，周益記嘗試從飲食文化，開展古蹟與當代生活對話的可能性。邀請私廚史達魯，從周家的三道傳統家宴與竹塹城的飲食軌跡中尋找靈感，最後以「重現三道菜」對話「創新三道菜」的方式，呈現古蹟菜餚的新舊融合。

以下是重現周氏家宴傳統的三道菜：

第一道：周家明火水蟹煲粥

蟳粥是周家姥姥極喜歡的一道佳餚。老年人牙口不好，故將硬殼紅蟳換成軟殼蟹，長時燉煮之後軟蟹入口即化，並能使鮮美的蟹味煮入粥中。周家的烹煮祕訣是起鍋前再加入鮮甜的絲瓜，燜上五分鐘。如此一來既保留絲瓜的輕脆口感，更讓蟹粥增添風味。廚師另加入發過的乾香菇，並多撒一把芹菜珠，使得原本是潮州風格的水蟹粥增添一些台灣味。

從前周家人做這道蟳粥，會向自南寮來城裡兜售海鮮的小販購買螃蟹，如今這般景象早已成為北門大街上的一抹回憶。

第二道：周家滸苔虎咬豬

周家慣吃的虎咬豬（即刈包），與一般市上所見者不同，在於多了一味香酥的「虎苔」。「滸苔」民間稱作虎苔（讀音近似「齁提」），是一種長絲帶狀的海苔，略帶苦味。周家的傳統作法：是將曬乾後細如絲且蓬鬆的虎苔置入薄油的乾鍋，撒把糖，酥出獨特的香氣。再將這香酥的虎苔與滷就的五花肉、香

「周家明火水蟹煲粥」起鍋前再加入絲瓜燜煮，讓蟹粥更添風味。（周益記提供）

菜與花生粉等作料一同包入蒸好的虎咬豬中。此時大口咬下，鬆酥虎苔與軟綿滷肉口感合一，山珍海味齊奔舌底。

只這虎苔如今難尋，此番好不容易才在金門覓得芳蹤。按美食家韓良露家中包的廈門春捲，亦慣常有虎苔。另外彰化一帶的潤餅也會加入虎苔酥，從這些跡象或許可以尋覓周家的飲食傳統。

第三道：塹城甘蔗燉羊肉

這是竹塹城一道常民美食。從前一般人的生活困苦、物力維艱，冬天能弄點羊肉進補實屬難得。貴重的藥材買不起，輕易可得的甘蔗頭便是天成的燉湯料底，加當歸提味，以砂鍋文火燉煮三小時，起鍋前再放鹽調味。如此燉得的羊肉清香軟爛、湯頭甘甜無比，十分迷人。

據《本草綱目》記載：「羊肉能暖中補虛，補中益氣，開胃健身，益腎氣，養膽明目，治虛勞寒冷、五勞七傷。」唐代虛誂的《本草食療》也說：「凡味與羊肉同煮，皆可補也。」然而羊肉工發散提升，多食無益，而甘蔗恰能生津止渴、除胃熱、養胃陰，正好中和羊肉的燥熱。古早常民智慧的俯拾即是，真真令人佩服。

接著是創新對話周家傳統的三道菜：

第一道：法式絲瓜螃蟹乳酪燉飯

這是一道與周家明火水蟹煲粥對話的創新菜。燉飯原是傳統的歐洲料理，義大利人喜歡用三年陳米，可使其吸收更多高湯的鮮甜。然而陳米已無本有的米香，長期氧化後脂肪與澱粉酸化的比例更容易偏高，並非最佳選擇。

聰明的廚師選出適合燉飯的台灣米種，容易吸收高湯而不致分解破裂。以大量洋蔥、蒜

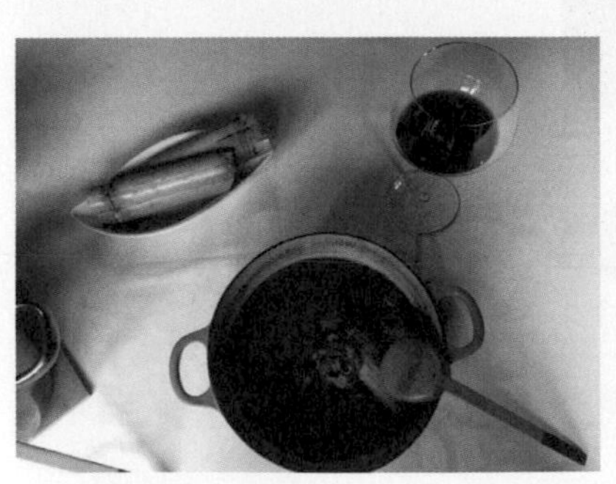

以易取得的甘蔗作為燉湯料底，成就一鍋清甜的「塹城甘蔗燉羊肉」。（周益記提供）

末爆香，再加入兩種各具風味的起士與海味十足的軟殼蟹一同燉煮，海陸滋味頓時融合成獨特香氣。最後點綴小小的絲瓜與芹菜珠，使這道創意燉飯的顏色與口感備加豐富鮮明。

第二道：紅酒五花滸苔漢堡

這是一道與周家滸苔虎咬豬對話的創新菜。以歐洲風行的漢堡包，取代傳統的虎咬豬。然而不取歐式漢堡習用的碎肉排，改以虎咬豬中的整塊五花肉。

為了豐富這五花肉排的口感，先以紅酒醃漬一晚，酒精與單寧共同作用，破壞肉的蛋白質，肉塊變得易咬而帶有法式風情；醬汁則師法台南豬舌刈包名店，以麻油炒過的味噌為底，調入白醋的酸勁，正可緩解五花的脂肪。我認為這道菜最足以表現廚師對食材的深刻思考。

將紅酒醃漬過的五花肉塞入漢堡包，與傳統虎咬豬相映成趣。（周益記提供）

第三道：南法番茄燉羊肉

這道創新菜則是與塹城甘蔗燉羊肉對話。燉菜本是南法的傳統家庭料理，將肉類、蔬菜、雜糧等食材切成大塊，再注入大量法國紅酒，以大鍋長時間燉煮至食材熟爛。如此則蔬果的鮮甜得以釋放，並與肉類水解的膠原蛋白融合，成為異常美味的地方料理。

除了大量蔬菜，廚師還選用台灣的甘蔗當底。十分創意的是，先需經過烤箱高溫燒烤的焦糖化反應之後，這甘蔗的甜才會更具成熟風味。再與鮮味的番茄乾共燉，起鍋前另加入香氣特殊的番紅花。如此燉菜香氣變化多元、羊肉軟爛噴香，充分展現廚師創造力的美食實驗。

南記行南北乾貨成就手路菜

擁有七十二年歷史、位於東門市場的南記行，生意遍及台灣中北部（約相當於清代淡水廳轄區），歇業前曾是新竹最大的乾貨行。

歷來多次的移民潮，造就了新竹人豐富變化的口味，這也反映在南記行販售南北乾貨的多元性上。舊城內傳統飲食眾多，舉凡燕丸的外皮、四神湯裡的四神；肉圓外皮用的地瓜粉、內餡用的紅糟；蚵仔煎用的雞蛋、醬料；羹湯所用的油蔥、烏醋與調味料；客家粄條、鹹湯圓必備的紅蔥頭；甚至是外省人紅燒牛肉麵必須的八角、花椒和岐山鮮霸王醬油；以及外國人聚集的華語學院、北大教堂、西門大教堂、美軍顧問團所需的西餐佐料，大部分出於本店供應。

本店第二代的邱明琴女士，自小耳濡目染，加上家中長輩親授手藝，造就她料理達人的地位。外婆出身蘆洲李家大宅，擅長台灣傳統的手路菜，如：韭菜芋包、太白醉蹄、日光瓜雞湯及大蒜鹹蛋燉肉。母親人稱「南嫂」，藉著做生意的靈活手腕，向新竹的大廚們偷師許多拿手菜，如：薑香麻油燜雞、紅燒圓貝海參、魷魚螺肉蒜鍋及蒜苗紹興土魠魚。大嫂則長於在地風味的家常菜，如：白菜滷、蚵仔煎、燒酒雞、蔥燒香魚以及邱家炒米粉。

邱女士繼承家族烹調傳統、南北乾貨經歷並結合自己的創新能力，長期擔任烹飪教師，並時常在報端分享健康養生創意料理。她新發表的「年節快速料理」，我特別喜歡、迫不急待想一嘗為快的便有：好彩頭筍片雞湯、節節高升甘蔗蝦、透抽糯米團圓飯、翡翠烏魚子拼盤、十全十美好黏錢和黃金福袋炸年糕等。

她的許多創意皆來自乾貨，如：火腿、蝦米、筍乾、紅棗、海帶、海蜇；又如：烏魚子、黑白芝麻、剝皮辣椒、中藥滷包、陳年老蘿蔔乾乃至螺肉罐頭。因為乾貨的製程繁複精細，有時營養價值更高於新鮮食材，且能結合中國獨有「藥食同源」的觀念。乾貨料理蘊含許多先人的心力與經驗，當可成為台灣飲食傳統與創新的重要基礎。

媒合外來食材與在地風味

身處新竹「甜蜜的圓心」，點水樓除了專營各色江浙菜餚細點之外，自亦擅長江浙風味的蟹料理，蟹皇小籠包、江南炒蝦蟹、芙蓉處女蟳、椒鹽大沙公都是經典名菜。如今更結合新竹米粉，推出一道紅蟳米粉鍋。

尋尋覓覓，經過多方試吃，選定新華米粉廠的雙龍純米米粉，作為紅蟳鮮味的搭檔。在蟹黃飽滿的紅蟳鍋中還加入蛤蜊，使得本味鮮醇的湯頭格外清甜；一起烹煮的純米米粉能充分吸附湯汁，將純米的米香、紅蟳的海味與湯汁的鮮甜全數納於一口之中，十分容易教人上癮。這可謂一道結合江南風味與新竹佳美食材的創新經典料理。

飯後甜點亦有一道令人驚豔的創意：皇家俄羅斯冰淇淋佐百香果芋泥，下方是剛剛蒸就、溫熱香濃的大甲芋泥，再淋上晶瑩剔透的百香果汁，最上方置一球卡比索冰淇淋，冷熱與蜜香交織的複雜口感令人印象深刻。我也開始思索著老街芋泥的新吃法。

在舊城西門也有店家潛心於外來風味與在地食材的結合。一百種味道，一店與二店皆位在石坊街上，這裡是清代潛園故地的南牆。

本店原本專務於歐式各種鹹甜點心，如鬆餅、鹹派、糕點與帕尼尼等，以口味豐富齊全、用料新鮮飽滿著稱。烹調功底頗為紮實，歐洲經典菜色如鬆餅類的綜合水果自製果醬與冰淇淋、香蕉巧克力佐自製冰淇淋；帕尼尼類如羅勒青醬火雞、羅勒青醬里肌、甜椒雞肉起司、蔬菜南瓜燒烤、蜂蜜芥末臘腸、香腸薯泥起司等皆做得本色，風味獨具。

更難得的是潛藏在紮實功底之下，青年店家的創新精神。比如這道客家鹹豬肉帕尼尼，帕尼尼即歐洲口袋餅。店家烤製火候拿捏得頗好，烤痕焦深，口感脆硬柔韌兼具而充滿麥香。夾入客家特製的鹹豬肉氣味濃郁、頗為重鹹，與起司、生菜搭配更顯得異香迷人。

再比如這道芝麻楓糖鬆餅佐客家湯圓與自製冰淇淋。烤得香鬆酥脆的鬆餅上頭，有濃郁的芝麻穀香與甜膩的楓糖蜜香，鋪上更為甜膩的蜜地瓜，如此經典搭配或許已然太過甜蜜了？好，加入店家自製的抹茶冰淇淋，香氣淡雅、若有似無，添加客家小湯圓乃是神來一筆！以這小湯圓的黏糯彈牙，搭配各種軟玉溫香的甜蜜，意外造就口感層次的豐富變化。

享用這些歐洲風味與客家食材巧妙結合的美食之餘，不免點些飲品佐餐。可無論選的是手工花草茶或皇家伯爵茶，端上來竟是青花瓷杯和一只黃澄澄、金閃閃、帶提把的小銅壺！沒錯，小銅壺，你在路邊小店大啖土虱就著枸杞酒時用的就是它了。這「奇妙的和諧」不禁令人啞然失笑。

在一百種味道沂處，老宅拐角蜿蜒幽深的死胡同，沿著高懸的大紅燈籠前行，來到一處獨具風味的小食堂。這胡同原是竹仔城牆舊跡，在楊氏節孝石牌坊左近，門口恰有清代古井一口，應店主之邀，我為這食堂命名**石坊小井**。外人輒稱此為台式居酒屋，我不作如是觀。**石坊小井**乃是善用在地食材，結合創意料理手法，因而獨具風城味兒的風土食堂。

先看醬料。前菜是清爽可口的生菜沙拉，這本不稀奇，沙拉醬卻是以在地名品、濃郁芳香的福源花生醬為基底，拌入店主巧手調製的醬汁而成。佐以新鮮生菜進食，濃郁滋味與清淡異香兼美，口感卻意外爽脆。再嘗一道煎麵線，將溫熟的麵線糰平攤，背面淋上蔥蛋汁，煎成香酥薄脆的餅皮即得。沾上調製後的新埔桔醬，微酸微甜搭配著煎食的微嫩微脆，風味絕倫。店家還巧妙地以新竹特產的水潤餅，夾食印度咖哩。水潤餅又名平安餅，原為都城隍老爺巡視遶境時，駕前神將發送信眾祈求平安所用。這餅子用料極其單純，只是麵粉、糖、鹽和香辛料，口感偏甜，略帶五香似的肉桂味，久嚼有麵香。夾入濃醇辛辣的異國咖哩，比起元配印度甩餅，我倒覺得別具風情。

最最特別的，當屬招牌麻辣三寶鍋。說起三寶，原是鴨血（新竹當然有好鴨血）、大腸與臭豆腐而已。店家為我這老饕，特意添加豐腴彈牙的貢丸，又抽換王子麵，代之以清香迷人的米粉（與**點水樓**不謀而合，皆選用了雙龍米粉）。這遠超三寶的多寶鍋，融麻辣、豐腴、清香、滑順、柔嫩多重口味與在地食材於一爐，無論何時都能讓人胃口大開，心情與筷箸一起翻飛，汗汁與湯汁交相淋漓，算得新竹風味一次小小集成之作。

杏仁茶配上南來的薩其馬

新竹舊城自來有杏仁茶配油條喫的老傳統，早在清代城隍廟口便有杏仁茶攤。杏仁含豐富礦物質，能清肺滋潤、發散通便、養顏美容並延緩老化，《本草綱目》記載其三大功效：「潤肺、清積食、散滯。」近年出現一美人茶小舖，專賣古法調製的杏仁茶，入喉甘醇，香氣悠然，有植物性奶香味。所謂古法，首先是精選原料、文火慢熬，其次則是回歸南、北杏比例的傳統。南杏味甘性平，潤肺平喘，又稱甜杏。北杏味苦甘溫，止咳化痰，又稱苦杏。不同比例的南、北杏，另加入花生、糯米、白米及冰糖若干，這杏仁茶調味的祕方兒據說來自《紅樓夢》。

《紅樓夢》的五十三、五十四回說到賈府元宵夜宴的情景：當日筵海席山、珍饈滿堆，各式山珍海味如交響樂一般上了一道一道又一道。眾人遊樂至夜闌時分，歌舞歇了、胃也脹了、精神也乏了，此時要上各種消夜，「有預備的鴨子肉粥」、「也有棗兒熬的粳米粥」，資深美食家賈太君既嫌油膩又嫌甜膩，唯獨要了一碗杏仁茶。

這部文學巨著的作者曹雪芹出身顯赫，其曾祖母係康熙皇帝乳母，曹家因而抬入正白旗，成為皇家上三旗（正黃、鑲黃與正白旗）的包衣。曹府此後飛黃騰達、世代簪纓，歷任蘇州織造、江寧織造和兩淮巡鹽御史等要職。其祖曹寅為有清一代著名的藏書家、刻書家及美食家，精通詩詞、書法與崑曲。康熙六次南巡，四次由曹寅接駕、以江寧織造署為行宮。府內從此各方風物庖廚薈萃，融匯南北料理作法。無怪乎紅樓家宴的繼承與研究，成為當代中國美食史上的顯學。

據說當初有一旗下人家與曹家世代結親，雍正年間曹府敗落後仍暗中資助扶持多年，故學得加入胭脂米的紅樓杏仁茶祕方。其中一房子孫吉壽，於嘉慶六至八年出任台灣府淡水廳同知（北台最高文官，正五品），此法因而南傳至竹塹云云。當然，這一切只是個傳說，無需過於認真考究。說旗人南來出任淡水同知的，不是吉壽，也可能是清華、恩煜、玉庚或富樂賀；也可能是北台最高武職的竹塹營守備、游擊大人，如正藍旗的富春、正白旗的祥祿、正黃旗的富阿興和鑲黃旗的普超。

其實不只是北台重鎮竹塹城，清代以降有如此多的滿洲文武官員供職台灣，更帶來另一種旗人甜點——薩其馬。

我兒時愛聽魏龍豪、吳兆南說相聲，頭一回聽吳先生唱道「薩其馬、芙蓉糕，兩位先鋒」時，還真不知這薩某人、福某人是何許人物？《燕京歲時記》中記載：「薩其馬乃滿洲餑餑，以冰糖、奶油和白麵為之，形如糯米，用不灰木烘爐烤熟，遂成方塊，甜膩可食。」此物不只是清代的皇家甜點，更成為無上供品，連喇嘛們都愛吃常供，故雍和宮南側泰華齋餑餑鋪的薩其馬奶油味重，最稱上品。這個皇家習俗流傳全國，至今台灣南部，仍有廟宇以薩其馬堆疊成形，供作佛事。

隨著清朝建立，此等風味入關後由北向南，風行中國三百年，還衍生出徽菜的著名糕點——芙蓉糕。薩其馬日後成為北京甜食經典，更是許多民國文人的最愛。喜吃甜食的魯迅不消說了，梁實秋先生追憶得如此細膩：「這東西是油炸黃米麵條，像蜜供似的，但是很細很細，加上蜜拌勻，壓成扁扁的一大塊，上面撒上白糖和染紅了的白糖，再加上一層青絲紅絲，然後切成方形的塊塊。很甜，很軟和，但是很好吃。如今全國各處無不製售薩其馬，塊頭太大太厚，麵條太粗太硬，蜜太少，名存實亡，全不對勁。」

文物大家王世襄則說：「當年我最愛吃的薩其馬用奶油和麵製成。奶油產自內蒙古，裝在牛肚子內運來北京，經過一番發酵，已成為一種乾酪（cheese）；和現在西式糕點通用的鮮奶油、黃油迥不相同。這一特殊風味並非人人都能受用，但愛吃它的則感到非此不足以大快朵頤。」「惟薩其馬柔軟香甜，入口即化則是一致的，因為這是最起碼的標準。」

薩其馬原以滿洲一種野生漿果「狗奶子」作果料，之後漸為關內食材如棗子、芝麻、青梅、瓜仁、山楂糕、葡萄乾取代，當代常見附葡萄乾的基本款。某次福至心靈，我發現以薩其馬佐食黑咖啡，風味絕佳。於是在**新竹同知沙龍**發起一次盲測大會。原以為此物今日難尋，沒想到繞一圈新竹「甜蜜的圓心」，幾乎全買著了。**美乃斯**、**新竹牧場**、**主婦聯盟**、**福源花生醬**皆有售傳統型的基本款，後者另多了一種新款：五穀薩其馬，上頭枸杞青豆花花綠綠的煞是好看，既呼應了傳統又符合現代人的養生需求。慧心的妻子還為我在圓心中的**米哥烘焙坊**尋得一款，友人另在網路上購得**黃金馬子**的手工雪藏薩其馬。

當日以蒐羅的各款薩其馬，隨興搭配杏仁茶、老茶廠紅茶，或曼巴咖啡、義大利濃縮、手沖薩爾瓦多莊園咖啡，眾人皆嘖嘖稱善，不斷自由開發新的味覺組合。座中豐原黃某從小吃到大，卻誤以為此物乃自東瀛傳來者。最後還是經由港仔老梁的提醒，這才知道腦筋和味蕾一樣敏捷，善於融會各方美食的廣東人，早已將薩其馬列入茶樓基本款，並結合當地瘋迷賽馬的好口采，暱稱此物為「馬仔」。

文物大家王世襄曾讚賞薩其馬柔軟香甜、入口即化。（李元璋攝影）

變易是為追求雋永不易之味

隨著科學園區的設立，一波波的科技移民遷入新竹城後，因為新舊、中西文化的差異，在風城曾經流傳一些趣談。其一說留美歸國的園區工程師，電話向城中老字號糕餅鋪預定八吋生日蛋糕，次日竟帶著精密量尺來核校，並直呼「良率太低」，使得老師傅萬分尷尬。另外南大路上已歇業的小姜煎包，水煎包用料新鮮、皮薄餡多，出鍋時食客雲集、大排長龍，卻謝絕了園區一次下午茶八百份的大訂單，只因那會影響手工慢作、純粹悠然的老城節奏。

還是不免要談談台灣人與台灣料理中的「變易」特性。

《易經》說「易」（即大道）有三重意義：簡易、變易與不易。台灣人及其料理，可謂深得簡易、特別是變易之理。比如新竹美食街上一家川味餐館，曾對大陸傳入的名菜「新疆大盤雞」進行改良。為了配合當地食客的口感，先將雞肉改刀切做小塊，再油炸至雞皮酥脆起泡，這一手頗有創意。卻不知是否因為原料昂貴難得？店家擅自取消香料中的主味——孜然，又將本為吸附濃厚湯汁、豐富口感的寬帶麵，換成不能吸汁、各自為政的客家粄條。如此豹變無以名之，只索改動一字，勉強稱之為「新竹大盤雞」。恰如隔壁的日式拉麵店，任意更換一湯頭，便敢號稱「四川麻辣拉麵」了。

如此「變易」最後往往流於追逐潮流、為變而變，終至於便宜行事、自行其是。飲食之道的簡易與變易，當是為了精益求精、追求更高境界的雋永不易之味。前此提到在塹城的各種新舊食材對話與實驗，或光復後彭園的湘菜大師傅彭長貴研發的左宗棠雞與蜜汁火腿，或近年吳寶春師傅的酒釀桂圓麵包與荔枝玫瑰麵包，皆可以為精益求精的飲食變易之路，做出一些有意義的提示。

王世襄哲嗣、人稱「吃主兒」的王敦煌說得好：「如某款菜最正宗、最原始的選料和做法是根據它的產生地當地人的飲食習慣和口味製作而成的，而引進這個菜的商家為了迎合本地人的口味，把它大刪大改，不但替換了某種關鍵的主料或是配料，還改變了某種必要的製作方式，烹製出來的菜餚與本款菜餚的原作口感相差甚遠。」真正的吃主兒會按照自己信奉的「博採眾長、兼收並蓄、依我所愛、為我所用」的原則加以改進。「在保證原版正宗做法的基礎上，選用自己認可的高品質的原料，製作符合自己口味的美味佳餚。」

我希望終有一日，在新竹能夠出現重拾飲食根源與文化自信的咖啡茶館（餐館亦同此理）。它提供當日現做的在地風味糕點，以薩其馬、黑糖糕佐食咖啡；從古市巷買來的電鍋蒸籠上，長年坐著老城尋常茶點：茶葉蛋、茯苓糕、杏仁糕或是水蒸蛋糕；冰櫃裡陳列著新移民的南洋糕點，由新鮮食材手做成各色千層糕與娘惹糕。更好是新竹樣餅，塹城的椪餅與其他老城所製者不同：個頭嬌小、膚色雪白，店家巧手鋪上一葉香菜，絕妙者還在於意外繼承了新竹肉圓那一抹胭脂紅。雪白如宣紙的餅皮上紅裳翠蓋，出爐後不經意地呈現絕美畫境！佐食黑咖啡之餘，我頗愛在其中尋一些物外之趣。

我希望它不盲從跟風地擺設西方流行的星星組合，無論是鬆餅、馬卡紅、可娜麗、三明治或貝果這種猶太饅頭。我希望風城青年不只對和菓子、提拉米蘇的浪漫典故感興趣，更熟悉且津津樂道於薩其馬、茯苓糕及娘惹糕背後的文化意涵。

這算不算是一個文化老饕的空想癡夢？或許外國遊子們，也會樂於選擇這樣接地氣的飲食與處所，來探知新竹的美好；而非在全球規格、量產複製的跨國連鎖店裡，吃著千篇一律的仿製食品。

又或許吾輩風城的癡相公們，正是在追尋一種能變易且經典、既傳統而又創造未來的新竹生活風格。

雪白如紙的新竹椪餅，上頭天成一幅「枝頭紅雀」的圖案。背景是另一新竹特產，以蒲草紙捏製成的人造花。（陳俞帆提供）

尋味備忘錄

周益記／北門街 59 號／ goo.gl/MqQhCu
一百種味道一店／石坊街 36-3 號／ 03-5252664
一百種味道二店／石坊街 14 號／ 03-5254358
石坊小井／石坊街 17-4 號／ 03-5232373
美人茶小鋪．杏仁茶專賣／ 0911-481412 ／ FB: @beautyshop.tea
主婦聯盟生活消費站三葉店／三民路 6 號／ 03-5333314
米哥烘焙坊／中央路 229 號地下樓／ 03-5314880
彭園／光復路二段 151 號／ 03-5730788
豔麗南洋手作鹹食甜點／香山區牛埔北路 30 號／ 03-5399003
彭成珍餅鋪／西安街 5 巷 21 號／ 03-5224877

讀食書

《南記行的乾貨傳奇》，邱明琴著，台北：聯經出版，2015
《雅舍談吃》，梁實秋著，台北：九歌出版，2009
《錦灰堆》，王世襄著，北京：三聯書店，1999
《吃主兒》，王敦煌著，北京：三聯書店，2006

跋

清明生活美學

自打兩年前自費出了一本《新竹同知．美食散步》，便有人稱我為美食哲學家，真是萬不敢當。……可您不是天天在風城裡做文化導覽、歷史研讀，又搞美食評比、風味老店考古嗎？細思量來倒也是，我在追尋一種美好生活的文化哲學。

癡相公稱之為：清明的生活美學。

這生活美學說來毫不稀奇，只是凡人隨時隨處可得的尋常日子爾。讀書、靜坐、散步、飲食、聽市聲；旅行、晤談、喝茶、抄經、曬太陽；寫字、育兒、點香、聽戲、吃小吃，等等等等。

而所謂的清明，是心境上的清澈澄明，是思慮上的神清志明，是節氣上的當令清明，也是明、清兩代古人的生活智慧。我固愛海明威的巴黎、梅第奇的翡冷翠，心喜壽岳章子的京都、帕慕克的伊斯坦堡；但我更神往能與張岱在湖心亭看雪論史、與徐霞客一道驢行天下、與文震亨設計遊賞園林、與林占梅賦詩歌詠風城。頂好另沖壺清茶，去向陽明參悟心學、陪憨山詳解莊子、聽李漁的家班排戲唱曲，末了再鑽進萬木草堂的最後排，看康、梁二先生縱論世局變法圖強，做一名小小小的學生。

想像自己能如謝安在東山下棋那般：內在清明、外示逍遙，還不忘天下大小事。儘管最終，不免折斷了木屐跟。

有人說現代節奏緊張忙碌，這樣的悠閒無聊只能在古書中尋。但是我在這科學城裡辦起新竹同知沙龍，幾年來走過無數次城市小旅行（「喜爺帶你遊竹城」、「溏心蛋城牆之旅」、「舊城廚房美食散步」、「都城隍中元夯枷消業行旅」……）。我們把酒當歌、讀史攬勝，一年四時隨順節氣，過上竹塹城有滋有味兒的好日子。春遊東門踏青讀詩，夏遊南門喫冰拜廟，秋遊西門點秋登高，冬遊北門祈福進補，更不說那提燈夜遊的閒情、把玩布袋戲偶的童心、鄉人耆老的笑談和品嘗風土美食的意趣了。還規劃著新竹文化地圖、在最美的新竹大厝——周益記舉辦市民歷史講堂，希望新竹的諸般美好與清明的生活美學，能夠為人同知共樂。

兩年來同知共樂的朋友日增，我對風城飲食文化的體會也日新日深。於品類、店家的選取上，我傾向有歷史、文化意義，或者深具風土特色的在地美食。有些或許只是簡單平淡滋味，卻頗能體現竹塹城的精氣神。此次增訂內容、重新出版，除了原有篇章大多理清脈絡、增補改寫外，更增加兩章全新素材，分別探討日本文化影響下的和漢料理，與當代新竹的新飲食風格實踐。感謝好友周友達兄的家族史與新舊六道菜實驗、《周氏家宴練習曲》影片；感謝巧口手工丸子本鋪的林先生，熱情提供「節氣X食記」的創意貢丸食譜；感謝邱明琴老師的著作和養生料理，她巧手調製甘蔗羊肉湯的鮮甜，至今還停留在癡相公的舌尖上。

衡諸素樸的原版，新版如今更顯豐美華瞻。這得感謝黃子欽先生高明的美術設計，洪明河先生精采的手繪插圖、表弟陳書海的生動攝影、陳盈小姐的地圖重製，以及遠流專業的編輯團隊——黃靜宜、蔡昀臻女史和企劃叢昌瑜先生。更感謝王浩一老師的專文推薦，感謝舒國治、宇文正、胡天蘭、沈方正諸先生的推薦。最感謝眾多默默耕耘的大師傅，是他們貫注畢生心力，造就了竹塹城的飲食風華。

還要感謝的人太多了，那就謝天吧。謝完老天爺，到承天寺找蘇東坡夜遊去。

(羅紹安提供)

附錄：竹塹風物美食備忘錄

竹塹風物美食的評選考量準則：

風味

運用在地風土食材，產生獨特味道，進而具備城市鮮明特色或印記者。此概念至關重要！

法國乃依此概念討論紅酒獨具的「風土特性」（Terroir，音譯：地華）。此即傳統言：「一方水土養一方人（物）」之意也。故可曰「風物」、曰「方物」、曰「名產」、曰「特產」、曰「土儀」、曰「土產」或曰「土物」。不宜從日文曰「名物」。

風物之生產、揀選可曰「上選」、曰「尚選」、曰「優選」、曰「良選」、或曰「精選」。

時間

此風物具有歷史背景，或文化意涵，或時代意義。

空間

此風物之供應，已形成群聚效應（橫向），或具備完整之產業鏈（縱向：原料、生產、加工、品牌、銷售等）者。

以下各項排名不分先後。又，評選標準、項目、品類均不免主觀，原意抛磚引玉，開放城內城外人關心、討論、改進並發揚新竹美食文化傳統。

五顆貢丸獎——本城人不吃白活，外地人不吃白來

貢丸

外帶可以選擇老字號的進益、海瑞、仁德或卓振利，亦可選擇改良新品的福記、華品、莊氏、昶瑞，或近年聲譽鵲起的南非貢丸張（是貢丸賣到非洲去，不是非洲人做的貢丸）。卓振利調整水與豬油凍的比例，成功研發出噴水貢丸，頗具特色。

內用在城隍廟口或傳統麵店、一般食堂皆可吃到，海瑞、進益會館可體驗自食自製貢丸之趣，西市汕頭館可吃到牛肉貢丸。

米粉

與貢丸的激烈戰局雷同，新竹米粉亦是風味、時間與空間三大因素俱全，當之無愧的新竹風物。絕難說誰是唯一正宗，百年以來能在風城存活下來的米粉

產業，已入戰國七雄之列。

外帶可選擇雙龍、東興、南興、佛祖、觀音、濟公、媽祖、永盛、東德成等品牌。（咦，超過七雄？）

內用在城隍廟口或傳統麵店、一般食堂皆可吃到，連家阿婆、阿城號頗有名，西市米粉湯用粗米粉。山川米粉最特別，自產自銷帶自家烹煮，外帶內用兩相宜。

肉圓

此物亦是新竹的美食名片，競爭激烈。各家商號與無名小攤各有特殊口味，亦各有萬千擁躉。

城隍廟口是一級戰區，林家、阿忠、元珍齋皆是。我習慣吃完連家阿婆後，再散步到連家新設的城隍文創去看精彩的布袋戲偶，十足塹城風情。

城內的飛龍曾經美食家陳鴻推薦，竹蓮溫潤、鷹王重口味、內媽祖多油氣，以及獨自一人撫養幼孫的阿婆阿皮肉圓，各有不少支持者。旅北的塹城遊子，若是犯了鄉愁、想吃點兒家鄉味的，不妨參拜完艋舺龍山寺後，到旁邊的新竹肉圓享用。

東方美人茶（膨風茶、白毫烏龍、貴妃烏龍）

此亦風城絕佳風物，應時而生，產量珍稀。城內的百年茶鋪泉香茶行已不販售，可上其他如天天茶鋪，或連鎖店天仁茗茶、長順茶行等選購。推薦至城邊去，可熱沖、可冷泡；一人曰趣，二三人曰品。

若時間充裕、需求量大，能向城外產區訂購自是最好。在峨眉的石井茶廠、峨眉茶行、徐耀良茶園，在竹南的天仁茶園皆是。

竹塹餅（肉餅、糕皮餅）

以竹塹城為名的唯一糕餅風物。經老店新玉香的糕點阿嬤私房傳授：竹塹餅當先目測餅下白芝麻的分布是否細密勻稱，其次觀其餅皮烘烤及色澤，並綜合判斷內餡與整體風味等等。

據此原則，新竹同知沙龍曾舉辦兩次盲測會，奪魁者常是在地人愛吃的彭成珍、如美與新玉香。其他城內店家如：新復珍、美芳、美乃斯、新竹牧場、邱記麻糬皆有盛名。在城外的北埔隆源、新合春等老字號亦可購得。

牛肉麵

若說其他風物店家割據有如戰國七雄，則眷村密布的新竹市牛肉麵，其情形更似春秋時代的三千城國。若論食用人口、店家密度及各波移民的投入，新竹市遠比台北市更具資格主辦牛肉麵節。

詳細情形請參閱〈移民的風味〉一章。在此僅列出作者常進常出的個人品味，如揭家、馬家、川六、學府、大王，如陳記、東北麵食、山東家味、貓耳朵小館，如壟子、翟九、老段、尹記、段純貞，又如芷林堂、孫子文、西市汕頭館、阿桂羊牛雜等。

他日機緣到來，甚願結合新竹周邊城鎮如竹東的莊記、湖口的老皮、老兄等名店，撰寫一部《新竹牛肉麵一百強》。

四顆貢丸獎——不吃不可

鴨料理

中國諸多大城，如北京、南京、蘇州皆有著名的鴨料理。塹城何其有幸，因頭前溪、客雅溪、香山濕地、南寮海邊等等水域分布，滿城氤氳，乃得以發展出深具在地風貌而又各具特色的鴨肉料理。提醒您：鴨肉湯米粉麵是風城的獨特吃法、不傳之祕，店家菜單上也未列入，只低調地提供老道食客享用。

第一名店鴨肉許的各式料理，老店、老張、原夜市及在地廚師愛吃的邱家鴨肉麵，廟口李的鴨香飯及各式料理，南門的當歸鴨麵線，揭家牛肉麵的鴨滷味。另有南京桂花鹽水鴨傳統的美乃斯，以及繼承北京烤鴨、實已化為台式烤鴨的田記、香記烤鴨等。

水蒸蛋糕（百齡蛋糕）

極其養生（無脂肪）、口味清淡馨香的茶點，佐食咖啡亦頗具風味。淵明以水蒸蛋糕為名，另外新復珍、狀元珍亦好。

饅頭、包子、乾餅

原有福建風味傳統水潤餅和黑貓包，加上廣大眷村人口帶來外省麵食的諸多變化，新竹的乾麵食風味多采多姿。

饅頭類有豐功、正莊山東，以及發展為全省連鎖的名店光復饅頭。包子類有欣園、天橋、寧波，分家後風味不再的老金陵，以及滋味雋永的東東水煎包、秦師父水煎包。其他還有高家大陸餅、蔥大爺的蛋餅、三廠姜店的捲餅，以及陸記、張家、葉家的燒餅。

芋泥

此亦竹塹城內難得風味，每年須待到九降風起、中秋之後方始供應。城內有著名的葉記大粒粉圓，或城外湖口的腳踏車芋泥。

傳統麵店

此類小麵店賣貢丸、米粉、意麵、切仔麵、煙腸、紅糟肉、滷味等，可謂在地常民美食廣場。一日三餐消夜，小店吃麵最能深入老城生活節奏。

塹城小麵館極多，早餐可吃明和（改外帶）、西市米粉湯，消夜可至延平大飯店或竹仔城東門麵攤群（五、六家，惜已遭取締），隨時可吃長腳、好吃麵、新大同、鬍鬚李、愛國屋、竹山意麵、楊家意麵、新芳肉粽、竹塹小吃部，或美食家陳鴻推薦的榕樹下、大樹腳阿嬤的店。

魚丸

因有南寮漁港地利之便，新竹的魚丸新鮮好吃，分為包餡魚丸及不包餡的原味魚丸。城隍廟口的鄭家魚丸歷史悠久、口味豐腴，城內的石家、石記、福氣、汪家和錦華（十福）魚丸皆有大名，漁香甜不辣自家就是百年魚漿大供應商，新鮮不在話下。

糯米餃

略呈水餃形的包餡糯米湯圓，這是塹城特殊的風味小吃，他處罕見。以中央市場92號攤最為著名，每日清晨開始限量供應，賣完為止。晏起者亦可選擇秋子阿嬤，或我常去的阿金糯米，或作家舒國治推薦的建功一路攤車。

潤餅

台灣人人愛吃的國民美食，潤餅口味各家有別。可選擇傳統口味的郭家元祖、阿瑛、阿水，或我喜歡的桂花潤餅，除了微帶桂花香氣的潤餅之外，還有滋味美妙的法式沙拉捲。

三顆貢丸獎——不吃可惜

傳統糕點（柴梳餅、茯苓糕、麻粩、雞蛋糕等傳統西點）

傳統西點糕餅，大多可在新復珍、美乃斯、新竹牧場發現，中央、東門、西門市場內亦頗多老字號糕餅鋪，值得尋味。

阿火伯炭烤紅豆餅清甜不膩，鄭家57雞蛋糕口味清香。作家舒國治頗推崇觀音亭彔興行傳統本色的麻粩。大學者王國維愛吃茯苓糕，每日現做的朱記在城隍廟口、中央市場及十八尖山東口販售。

飲品（冰品、甜品）

塹城一年四季，皆有好甜品可以順應時氣、調節身體。如杏仁茶可喝美人茶小鋪、杏花村，或是衙門口的老店古井下。

長夏消暑解渴，可選擇阿忠、蜂蜜大王、林家冰店、814大同冰棒，我最愛歌薰門下百年黃家的上芳木瓜牛奶。秋冬可吃士林豆花、正宗燒仙草或者有夠爛花生湯。四季皆宜、口味多元、冷熱皆宜的有阿惠冰店，及其近日分立的新版慧心冰店。

青草茶

青草茶泛指苦茶、冬瓜茶、青草茶及各式花茶、草藥茶等。凡舊城多有專賣青草茶處，如台南西門一帶、艋舺的青草巷、竹塹的後車路是。後車路今名長安街，草香瀰漫，有青草鋪子五、六所，長安、吉草堂兼賣青草茶飲，風味傳統。乾貨街的三信行可買各式西洋花草茶。此外南門街的德記、城隍廟的廟口鄒、西大路的黑缸苦茶及承恩門的高家冬瓜茶，皆有大名。

和漢料理

和漢料理是結合日本料理傳統與在地食材口味的新飲食型態，這場味覺的實驗情形可參看〈藝妓的身影〉一章。除了歷史悠久的南門小政，其他各店如明園、興南飲食店、漁香甜不辣、雙星甜不辣等亦值得細細品味。愛國屋的烤甜不辣風味特殊，下酒良伴。卓振利食品行亦以魚漿供應商起家，研發之牛蒡甜不辣、洋蔥甜不辣，具在地特色。

客家菜（湯圓、粄條、料理）

竹塹城內客家族群為數不少，客家料理風格鮮明、香味濃烈，大宴小吃皆適宜。秋子阿嬤繼承傳統又開發新口味，竹蓮市場的良心麵經濟實惠、服務周到，而舊城內的榮記和石坊街的三億，皆是風味十足、深受老少客群喜愛的老字號。宴席餐廳，可選擇柯子湖、邱記麻糬、傳家生活小館，或私房料理倆相好，或風城老店二代新開的新陶芳。

炸粿

包括蚵嗲、肉嗲、炸糕、蒜頭芋頭等炸蔬菜，這項繼承唐宋以來的炸食傳統，在塹城頗有可食。歷史悠久、傳承四代的北門炸粿品類繁多、口味道地，最值得推薦。另外衙門口兩攤下港蚵嗲味頗粗美。城隍廟東轅門下的廟口林記，蚵嗲則帶有蔥的自然清甜。

可與南門小政的天婦羅做風味比較，別有意趣。

素食

新竹歷來為北台傳統信仰重鎮，素食傳統自然悠長。老字號的天香、滋味齋皆傳統美味，提供素食食材的秀鳳、林素食，中央與西門市場的佳珍、西市、御珍齋皆值得一嘗。若想嘗新，香積食堂、明德素食、練養生功的梅門及佛光山的滴水坊皆有新意，清香可食。或到善能融合新鮮食材與各種手法的樹匠去。

湯品

（羹、湯、燉品）

台菜繼承閩菜好食羹湯的傳統，有阿培麵線糊、有原夜市的魷魚羹、有連家阿婆的蛋酥魷魚羹、有雅珍號的膏膏羹、有竹蓮寺春記的麵線糊加魷魚羹。秋冬進補，要吃小坐麻油雞，更愛吃燒酒雞如蔡記、春記和家圓燒酒雞。四時平日也要喝納味、王家的四神湯，喝原味、源味、古早味燉品屋的燉湯，甚至大半夜排隊喝翁記雞湯。

醬料

運用新竹在地好食材釀製出的好醬料，有源珍醬油及福源花生醬、芝麻醬；結合傳統工法與風味的，有西市汕頭館沙茶醬；更有九降風特產的竹魚烏魚子干貝醬。還有山法釀造的王記山東醋，新竹各家牛肉麵多愛用，沾吃餃子風味絕佳。我常上中央路的老字號許金記去尋在地好醬料。

蚵仔煎

新竹的蚵仔煎頗稱風味，加上新鮮蔬菜與獨特的甜醬滋味更好。多集中於城隍廟口，王記、莊家、華品可食。城內的楊家意麵亦有名。樹匠的素食蚵仔煎深受好評。

附記：

塹城整理發揚風物美食的同時，應當思考如何兼容傳統文化與現代的商業行銷手法。如頒發手工製作的「老店燈籠」（最好由愛文街、世界街等燈籠老師傅製作），上書「塹城名店」（或老店、美味、風味等各種分級）、店名及創立年代。

又每年「貢丸米粉節」時，第一名業者可獲頒「即貢狀元」匾額懸掛店中，以應「食貢丸，即貢中狀元」之好口采。並仿都城隍廟元宵燈籠大賽的「搶三制」：凡連續三次奪魁者，可永久保存「即貢狀元」匾，以資獎勵。

Taiwan Style 52

風城味兒 除了貢丸、米粉，新竹還有許多其他

作　　者　李元璋

編輯製作　台灣館
總 編 輯　黃靜宜
執行主編　蔡昀臻
美術設計　黃子欽
插圖繪製　洪明河
地圖繪製　陳　盈
行銷企劃　叢昌瑜

發 行 人　王榮文
出版發行　遠流出版事業股份有限公司
地　　址　台北市 100 南昌路二段 81 號 6 樓
電　　話　（02）2392-6899
傳　　真　（02）2392-6658
郵政劃撥　0189456-1
著作權顧問　蕭雄淋律師
2018 年 2 月 1 日 初版一刷
定價 320 元

ISBN　978-957-32-8197-9
YLib 遠流博識網 http://www.ylib.com E-mail: ylib@ylib.com

* 全書照片（除特別註記外），皆由陳書海攝影。

國家圖書館出版品預行編目 (CIP) 資料

風城味兒：除了貢丸、米粉，新竹還有許多其他 / 李元璋著 . -- 初版 . -- 臺北市 : 遠流 , 2018.02
面；　公分 . -- (Taiwan style ; 52)
ISBN 978-957-32-8197-9(平裝)
1. 飲食風俗 2. 新竹市 3. 新竹縣
538.7833　　106024367